上海市国民经济和社会发展第十四个五年规划和二〇三五年远景目标纲要（普及版）

Outline of the Fourteenth Five-Year Plan for National Economic and Social Development and the Long-Range Objectives through the Year 2035 in Shanghai

(Public Version)

上海科学技术出版社
Shanghai Scientific & Technical Publishers

2021 年 1 月 27 日上海市第十五届

人民代表大会第五次会议批准

“十四五”时期，是我国开启全面建设社会主义现代化国家新征程、向第二个百年奋斗目标进军的第一个五年，也是上海在新的起点上全面深化“五个中心”建设、加快建设具有世界影响力的社会主义现代化国际大都市的关键五年。科学制定和实施上海市国民经济和社会发展第十四个五年规划和二〇三五年远景目标，对加快构筑新阶段上海发展的战略优势、更好服务全国改革发展大局，具有重要意义。《上海市国民经济和社会发展第十四个五年规划和二〇三五年远景目标纲要》根据《中共中央关于制定国民经济和社会发展第十四个五年规划和二〇三五年远景目标的建议》《中共上海市委关于制定上海市国民经济和社会发展第十四个五年规划和二〇三五年远景目标的建议》制定，是指导上海未来发展的宏伟蓝图，是全市人民共同奋斗的行动纲领。

目录
CONTENTS

5. 强化高端产业引领功能，加快释放发展新动能

6. 强化开放枢纽门户功能，增创国际合作和竞争新优势

7. 弘扬城市精神和城市品格，提升国际文化大都市软实力

8. 全面推动城市数字化转型，加快打造具有世界影响力的国际数字之都

9. 推动长三角更高质量一体化发展，服务全国发展大局

宣传片
“2025，上海对你说”

水墨创意动画片
“上海 Go High”

1. 新阶段新起点，以党中央对上海的战略定位引领未来发展

Ⅰ. Leading the future development with the strategic positioning of the CPC Central Committee for Shanghai in the new period and at the new start point

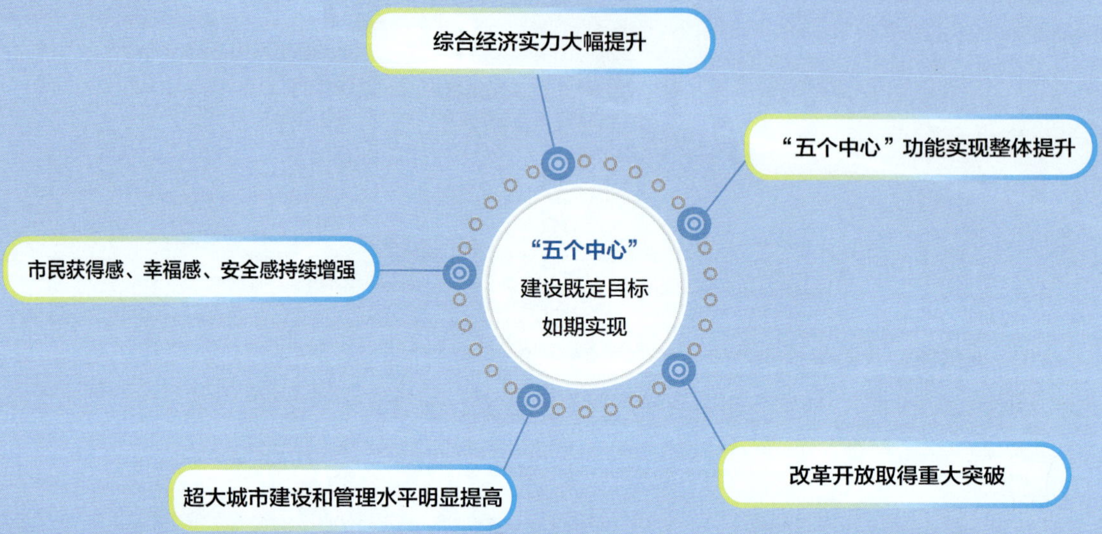

准确把握
新发展阶段
上海发展面临的
新机遇新挑战

到2035年
基本建成
具有世界影响力的
社会主义现代化
国际大都市

1.1“五个中心”建设既定目标如期实现

“十三五”期间是上海发展史上具有里程碑意义的五年。面对错综复杂的外部形势、艰巨繁重的改革发展稳定任务，特别是新冠肺炎疫情严重冲击，上海把贯彻落实习近平总书记考察上海重要讲话精神作为全市工作的鲜明主题和突出主线，按照当好全国改革开放排头兵、创新发展先行者要求，全力实施国家重大战略任务，积极应对各种风险挑战，奋发有为推进各项事业，“十三五”规划主要目标任务如期实现，全面建成更高水平的小康社会胜利在望，国际经济、金融、贸易、航运中心基本建成，具有全球影响力的科技创新中心形成基本框架，城市综合实力和国际影响力、人民生活水平和社会文明程度迈上了一个新台阶，为迈向具有世界影响力的社会主义现代化国际大都市打下坚实基础。

1.1.1 综合经济实力大幅提升。全市生产总值从 2015 年的 2.69 万亿元上升到 2020 年的 3.87 万亿元。经济增速在全球主要城市中处于领先地位，总量规模跻身全球城市前列，人均生产总值超过 2.3 万美元。“四大品牌”持续打响，以现代服务业为主体、战略性新兴产业为引领、先进制造业为支撑的现代产业体系加快建立，服务业增加值占全市生产总值比重稳定在 70% 以上。全员劳动生产率超过 28 万元 / 人，位居全国前列。公共财政保障能力持续增强，地方一般公共预算收入超过 7 000 亿元。

四大品牌

是指“上海服务”“上海制造”“上海购物”和“上海文化”。

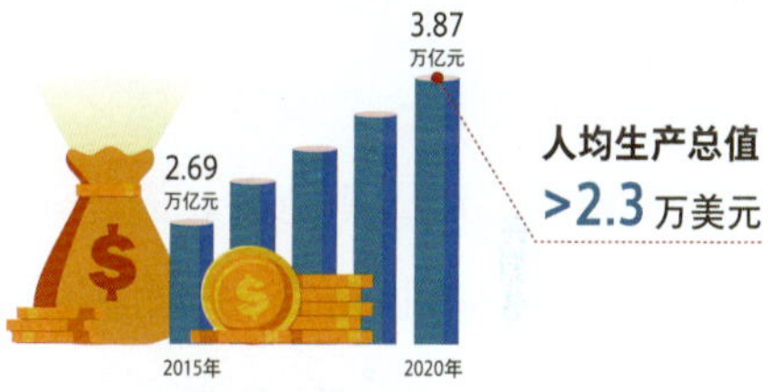

全市生产总值

1.1.2“五个中心”功能实现整体提升。基本建成国际经济中心，实体经济能级不断提升，跨国公司地区总部累计达到 771 家。基本建成国际金融中心，金融市场交易总额超过 2 200 万亿元，全球性人民币产品创新、交易、定价和清算中心功能不断完善，多层次金融市场体系和金融机构体系基本形成。基本建成国际贸易中心，口岸货物进出口总额占全球 3.2% 以上，商品销售总额达到 14 万亿元左右，贸易型总部和功能性平台加快集聚。基本建成国际航运中心，上海港集装箱吞吐量连续 11 年保持世界第一，机场货邮吞吐量、旅客吞吐量分别位居全球第 3 位和第 4 位，现代航运服务体系基本形成。形成具有全球影响力的科技创新中心基本框架，张江综合性国家科学中心建设全面推进，全社会研发经费支出相当于全市生产总值比例达 4.1%

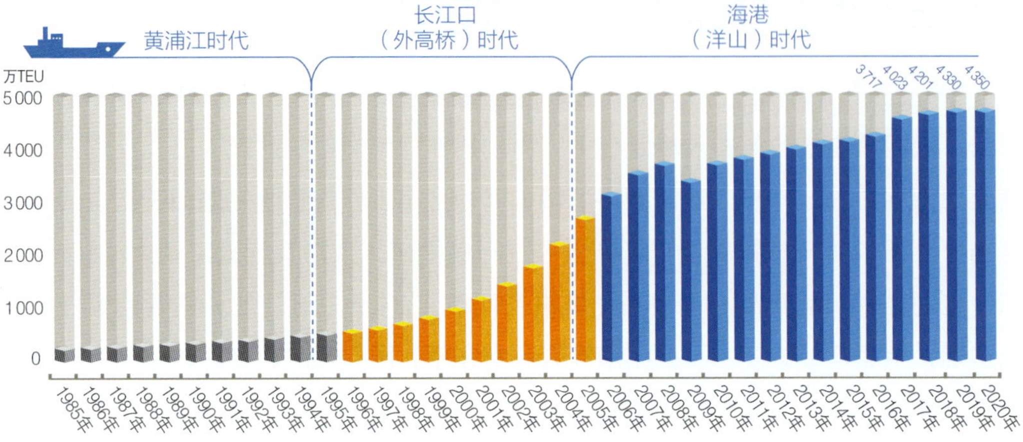

上海港集装箱吞吐量

左右，每万人口发明专利拥有量达到 60 件左右，大飞机、蛟龙号深潜器等重大创新成果问世，上海光源等一批大科学设施建成。

1.1.3 改革开放取得重大突破。全面深化中国（上海）自由贸易试验区改革开放，临港新片区挂牌成立，一批突破性的政策措施和标志性的重大项目加快落地。科创板开板并试点注册制，助力一批高成长性的科技型企业发展壮大。长三角一体化发展深入推进，生态绿色一体化发展示范区形成首批 32 项制度创新成果。成功举办三届中国国际进口博览会，溢出带动效应持续放大。优化营商环境取得明显成效，助力我国营商环境世行排名大幅提升。“证照分离”改革试点举措在全市推广实施，浦东新区“一业一证”改革在全国率先试点，“放管服”改革综合授权试点持续推进。全面实施区域性国资国企综合改革试验，全面落实减税降费政策，服务支持实体企业发展。

1.1.4 超大城市建设和管理水平明显提高。枢纽型、功能性、网络化基础设施体系基本形成，综合交通体系不断完善，轨道交通运营线路总长达到 729 公里。生态环境质量持续改善，细颗粒物（$PM_{2.5}$）年平均浓度从 2015 年 53 微克 / 立方米下降至 32 微克 / 立方米，劣 V 类水体基本消除，人均公园绿地面积提高到 8.5 平方米。黄浦江 45 公里公共空间岸线贯通开放，苏州河中心城区 42 公里岸线实现基本贯通。垃圾分类引领绿色生活新时尚，全程分类收运体系基本形成。政务服务“一网通办”和城市运行“一网统管”从无到有、构建运行，城市治理现代化水平不断提升。新冠肺炎疫情防控取得重大成果，充分彰显了超大城市的风险防范和应急处置能力。

1.1.5 市民获得感、幸福感、安全感持续增强。居民人均可支配收入保持全国领先，超过 7.2 万元。每年新增就业岗位近 60 万个，就业质量进一步提高。养老服务体系扩容提质，托育服务体系加快完善，旧区改造加快推进，乡村振兴战略深入实施，农村人居环境明显改善。五年累计完成中心城区成片二级旧里以下房屋改造 281 万平方米，受益居民达 14 万户。公共服务体系不断完善，现代化教育水平进一步提升，养老服务体系基本形成，“健康上海行动”深入实施，居民平均预期寿命达到 83.66 岁。现代公共文化服务体系率先基本形成，城市精神和城市品格不断彰显，国际文化大都市基本建成。

五年的实践很不平凡、五年的成就来之不易。在以习近平同志为核心的党中央坚强领导下，市委、市政府团结带领全市各地区、各部门、各单位和全市人民，推动国家战略任务加快落地，持之以恒推进创新驱动发展、经济转型升级，咬住目标、迎难而上，经受住了外部环境复杂变化和新冠肺炎疫情严重冲击的考验，经济社会发展的动力更加强劲、活力加快释放，城市更加开放、包容、向上，充分展示了社会主义现代化国际大都市的吸引力、创造力和竞争力，为“十四五”及更长时期的发展奠定了扎实基础。

新发展格局

构建以国内大循环为主体、国内国际双循环相互促进的新发展格局，是积极应对国内外形势变化的主动选择，是充分发挥我国超大规模市场优势的内在要求，是坚持深化改革开放的国内国际双循环相互促进的统一体。构建新发展格局明确了我国经济现代化的路径选择，是应对新发展阶段机遇和挑战、贯彻新发展理念的战略选择。构建新发展格局的关键在于经济循环的畅通无阻，最本质的特征是实现高水平的自立自强。

1.2 准确把握新发展阶段上海发展面临的新机遇新挑战

“十四五”时期，上海发展环境面临更为深刻复杂变化。当今世界，和平与发展仍然是时代主题，但百年未有之大变局正在向纵深发展，新冠肺炎疫情全球大流行使这个大变局加速演变，经济全球化遭遇逆流，世界进入动荡变革期，上海作为我国改革开放的前沿窗口和对外依存度较高的国际大都市，既首当其冲受到外部环境深刻变化带来的重大挑战，也面临着全球治理体系和经贸规则变动特别是我国引领推动经济全球化健康发展带来的新机遇。当今中国，正处在中华民族伟大复兴的关键时期，经济稳中向好、长期向好的趋势没有改变，继续发展具有多方面优势和条件，但发展不平衡不充分问题仍然突出，特别是在构建新发展格局中，全国各地千帆竞发、百舸争流，上海面临着国家赋予更大使命、开展先行先试的新机遇。当前上海，进入了高质量发展的新阶段，但对标中央要求、人民期盼，对照国际最高标准、最好水平，城市综合实力还有较大提升空间，国际影响力、竞争力和全球要素资源配置能力还不够强，创新驱动发展动能势能亟待加强，新动能培育和关键核心技术突破还需下更大力气，城市管理、生态环境等方面仍需不断提升品质，教育、医疗、养老等公共服务供给和保障水平有待进一步提升，人才、土地等要素资源对高质量发展的约束需要加快破解，应对潜在风险隐患对超大城市安全运行的挑战一刻也不能松懈。

面向未来，上海要在中华民族伟大复兴战略全局、世界百年未有之大变局中谋划发展蓝图，在构建以国内大循环为主体、国内国际双循环相互促进的新发展格局中找准自身定位，以“四个放在”作为战略基点，全面、辩证、长远地审视上海发展所面临的内外部环境，遵循历史前进逻辑、顺应时代发展潮流、呼应人民群众期待，在短期波动中把握长期趋势，在危机挑战中抢抓发展先机，在外部变局中开创发展新局，在更加开放的条件下实现更高质量的发展。要把上海未来发展放在中央对上海发展的战略定位上来谋划和推动，深刻领会党中央落子布局的战略意图，继续当好全国改革开放排头兵、创新发展先行者，在全球政治经济格局深刻调整中更好地参与国际合作与竞争，助力国家在严峻的外部挑战中突出重围；放在经济全球化的大背景下来谋划和推动，在开放潮流中坚定不移融入世界，在新的国际变局和挑战中准确识变、科学应变、主动求变，为我国深度参与引领全球经济治理作出应有贡献；放在全国发展的大格局中来谋划和推动，把握形成国内大循环的中心节点、国内国际双循环的战略链接的定位要求，充分发挥人才富集、科技水平高、制造业发达、产业链供应链基础好和市场潜力大等优势，在扩大国内需求和提高供给质量上持续发力，在全面建设社会主义现代化国家新征程中引领推动高质量发展，更加主动服务全国构建新发展格局；放在国家对长三角发展的总体部署中来谋划和推动，充分发挥龙头带动作用，强化一体化思维和主动服务意识，与苏浙皖三省各扬所长，深化分工合作，相互赋能提速，共同打造强劲活跃增长极，辐射带动更广大区域发展。

“四个放在”

是2007年5月时任上海市委书记习近平在指导上海市第九次党代会报告修改工作过程中首次提出；2018年11月7日，习近平总书记在上海进行视察后发表重要讲话，再次强调上海要有大局意识、全局观念，要从“四个放在”高度思考和谋划发展，要跳出上海看上海，立足全国看上海，在服务全国中发展上海。

总体来看，“十四五”时期，我国发展仍然处于重要战略机遇期，但机遇和挑战都有新的发展变化。上海要勇于创新突破、攻坚克难，善于转危为机、变中取胜，加快增创优势、抢占先机、赢得主动，在多重目标中寻求动态平衡，在高质量发展中寻求系统优化，在积极参与国际合作竞争中提升城市能级和核心竞争力，坚定迈向具有世界影响力的社会主义现代化国际大都市，努力创造出令世界刮目的新奇迹，展现出中国建设社会主义现代化国家的新气象。

1.3 到 2035 年基本建成具有世界影响力的社会主义现代化国际大都市

在“十四五”发展基础上再奋斗十年，国际经济、金融、贸易、航运、科技创新中心和文化大都市功能全面升级，基本建成令人向往的创新之城、人文之城、生态之城，基本建成具有世界影响力的社会主义现代化国际大都市和充分体现中国特色、时代特征、上海特点的人民城市，成为具有全球影响力的长三角世界级城市群的核心引领城市，成为社会主义现代化国家建设的重要窗口和城市标杆。世界影响力全面提升，全球枢纽和节点地位更加巩固，城市核心功能大幅跃升，城市软实力全面增强，综合经济实力迈入全球顶尖城市行列；高质量发展率先实现，建成现代化经济体系，更多关键核心技术自主可控，科技创新成为驱动发展的强劲引擎，全要素生产率全国领先，新发展理念全面彰显；高品质生活广泛享有，基本实现幼有善育、学有优教、劳有厚得、病有良医、老有颐养、住有宜居、弱有众扶，人的全面发展、全体人民共同富裕取得更加明显的实质性进展；现代化治理走出新路，全过程民主充分展现，平等发展、平等参与权利得到充分保障，城市运行更加安全高效，社会治理更加规范有序，城市空间、经济、城乡格局进一步优化，绿色健康的生产生活方式蔚然成风。展望 2035 年，“人人都有人生出彩机会、人人都能有序参与治理、人人都能享有品质生活、人人都能切实感受温度、人人都能拥有归属认同”的美好愿景将成为这座城市的生动图景。

2.“十四五”时期经济社会发展指导方针和主要目标

Ⅱ. Guidelines and main objectives for economic and social development in the Fourteenth Five-Year Plan period

2021—2025

2.1 指导思想

在以习近平同志为核心的党中央坚强领导下，高举中国特色社会主义伟大旗帜，深入贯彻党的十九大和十九届二中、三中、四中、五中全会精神，坚持以马克思列宁主义、毛泽东思想、邓小平理论、“三个代表”重要思想、科学发展观、习近平新时代中国特色社会主义思想为指导，全面贯彻党的基本理论、基本路线、基本方略，深入贯彻习近平总书记考察上海重要讲话和在浦东开发开放 30 周年庆祝大会上的重要讲话精神，深入践行“人民城市人民建，人民城市为人民”重要理念，统筹推进经济建设、政治建设、文化建设、社会建设、生态文明建设的总体布局，协调推进全面建设社会主义现代化国家、全面深化改革、全面依法治国、全面从严治党的战略布局，坚定不移贯彻创新、协调、绿色、开放、共享的新发展理念，坚持稳中求进工作总基调，面向全球、面向未来，对标国际最高标准、最好水平，勇于挑最重的担子、啃最硬的骨头，以推动高质量发展、创造高品质生活、实现高效能治理为目标导向，以推进浦东高水平改革开放和三项新的重大任务为战略牵引，以强化“四大功能”、深化“五个中心”建设、推动城市数字化转型、提升城市能级和核心竞争力为主攻方向，以深化供给侧结构性改革、扩大高水平开放为根本动力，统筹发展和安全，加快形成国内大循环的中心节点、国内国际双循环的战略链接，加快推进城市治理体系和治理能力现代化，加快建设具有世界影响力的社会主义现代化国际大都市，为全面建设社会主义现代化国家作出新的更大贡献。

“五个中心”

1992 年，党的十四大提出“尽快把上海建成国际经济、金融、贸易中心之一”。2001 年 5 月，国务院批准的《上海市城市总体规划（1999—2020 年）》提出“要把上海建设成为现代化国际大都市和国际经济、金融、贸易、航运中心之一”。2009 年国务院印发 19 号文，明确上海到 2020 年要基本建成国际金融中心和国际航运中心。2014 年 5 月，习近平总书记在上海考察时提出，上海要建设具有全球影响力的科技创新中心。伴随着我国改革开放的不断深化和经济社会发展不断跃上新的台阶，上海“五个中心”建设取得了重大进展。2019 年 11 月，习近平总书记在上海考察时强调，上海要强化全球资源配置、科技创新策源、高端产业引领、开放枢纽门户等四大功能，为上海深化“五个中心”建设明确了方向和要求。

2.2 基本原则

2.2.1 坚持党的全面领导。增强“四个意识”、坚定“四个自信”、坚决做到“两个维护”，坚持和完善党领导经济社会发展的体制机制，更好发挥党总揽全局、协调各方作用，不断提高贯彻新发展理念、构建新发展格局能力和水平，加快把党的政治优势、制度优势转化为发展优势、治理优势。

2.2.2 坚持以人民为中心。坚持人民主体地位，坚持共同富裕方向，自觉践行人民城市建设重要理念，把让人民宜居安居放在首位，把最好的资源留给人民，把依靠人民、造福人民、植根人民转化为切实行动，激发全市人民创新创业创造的伟力、共建共治共享的动力，促进社会公平，增进民生福祉，不断实现人民对美好生活的向往。

四个论英雄

是指以亩产论英雄、以效益论英雄、以能耗论英雄、以环境论英雄。

2.2.3 坚持新发展理念。强化“四个论英雄”发展导向，加快推动质量变革、效率变革、动力变革，在提升城市经济密度、提高投入产出效率上下功夫，在提升配置全球资源能力上下功夫，在增强创新策源能力上下功夫，加快实现更高质量、更有效率、更加公平、更可持续、更为安全的发展。

三大任务、一大平台

三大任务，即增设中国（上海）自由贸易试验区临港新片区、在上海证券交易所设立科创板并试点注册制、实施长江三角洲区域一体化发展国家战略。
一大平台，即在上海举办中国国际进口博览会。

2.2.4 坚持以落实国家战略为牵引。着眼于构筑新阶段上海发展战略优势，以浦东高水平改革开放、“三大任务、一大平台”为载体，创造性地贯彻落实中央战略部署，全面强化“四大功能”，全面提升城市能级和核心竞争力，在服务全国中发展上海，在参与全球合作与竞争中增强城市影响力和话语权。

2.2.5 坚持深化改革开放。坚定不移吃改革饭、走开放路、打创新牌，发挥开路先锋、示范引领、突破攻坚作用，从事物发展的全过程、产业发展的全链条、企业发展的全生命周期出发来谋划设计改革，深入推进高水平制度型开放，大力推动经济社会管理向基层放权赋能，强化有利于提高资源配置效率、有利于调动全社会积极性的重大改革开放举措，持续增强发展动力和活力，更好发挥全国改革开放试验田作用。

四大功能

是指全球资源配置功能、科技创新策源功能、高端产业引领功能、开放枢纽门户功能。

2.2.6 坚持遵循超大城市发展规律。把牢人民城市根本属性，按照“城市是生命体、有机体”的要求，坚持系统思维，统筹空间、规模、产业结构，协调规划、建设、管理和生产、生活、生态等各个方面，发挥好各方力量，探索具有中国特色、体现时代特征、彰显我国社会主义制度优势的超大城市发展之路，着力打造治理体系和治理能力现代化的城市样本。

根据上述指导思想和基本原则，上海经济社会发展各领域都应坚持和把握以下政策导向：必须全力服务构建新发展格局。当好国内大循环的中心节点，在要素配置中占据关键环节，在供需对接中锻造关键链条，在内需体系中打造关键支撑，助力国内经济循环更加畅通；当好国内国际双循环的战略链接，构建要素链接、产能链接、市场链接、规则链接，形成独具优势的战略通道，助力我国经济全面融入世界经济体系。必须着力强化城市功能内核。在巩固提升总量规模基础上，更加注重以强化功能为导向，增强城市的集聚和辐射能力，加快锻造人无我有的独特长板，持续补齐制约发展的关键短板，加快占据全球产业链、创新链、价值链高端地位。必须全面推进城市数字化转型。依托超大城市海量数据、市场规模和应用场景优势，以数字技术创新带动科技变革、产业变革和城市治理方式变革，实现整体性转变、全方位赋能、革命性重塑。必须全面拓展和优化城市发展空间。进一步发挥龙头带动作用，服务长三角更高质量一体化发展，主动打破行政壁垒，促进各类资源要素在更大范围顺畅流动；整体重塑、全面优化市域空间格局，把新城建设摆在突出位置，加快打造经济发展的重要增长极，为上海未来发展构筑新的战略支点。必须深入推进市场化改革。推动有效市场和有为政府更好结合，推动放权松绑赋能，加快健全落实鼓励创新、宽容失败的激励相容机制，激发各类市场主体活力，激发各类人才和各级干部再起宏图再创业的主动性、积极性和创造性。必须统筹经济社会发展与安全。统筹考虑国内国际两个大局，办好发展安全两件大事，在发展中更好保障和改善民生，把安全发展贯穿到经济社会发展各领域和全过程，全面提高城市抗风险能力。

2.3“十四五”时期经济社会发展主要目标

锚定 2035 年远景目标，综合考量全市发展实际，到 2025 年，贯彻落实国家重大战略任务取得显著成果，城市数字化转型取得重大进展，国际经济、金融、贸易、航运和科技创新中心核心功能迈上新台阶，人民城市建设迈出新步伐，谱写出新时代“城市，让生活更美好”的新篇章。

2.3.1 城市核心功能更加强大。经济保持量的合理增长和质的稳步提升，全市生产总值年均增长率预期与全国经济增速基本一致，经济潜力充分发挥。全球高端资源要素加快集聚，要素市场的国际影响力显著增强，金融市场交易总额达到 2 800 万亿元左右。科技创新策源功能加快跃升，关键技术攻关取得重大突破，全社会研发经费支出相当于全市生产总值比例达到 4.5% 左右。高端产业引领功能加快形成，产业基础高级化、产业链现代化水平明显提高，数字经济增加值占全市生产总值比重稳步提升。开放枢纽门户功能优势不断增强，更高水平开放型经济体系构建取得新突破，在沪跨国公司地区总部累计达到 1 000 家。数字红利得到全面激发，国际数字之都建设形成基本框架。浦东新区打造社会主义现代化建设引领区取得重大进展，自贸试验区临港新片区生产总值在 2018 年基础上翻两番，长三角生态绿色一体化发展示范区制度创新取得重大突破。

2.3.2 人民群众生活更有品质。居民生活水平和质量稳步提高，居民收入增长与经济增长基本同步，就业质量进一步提高，基本民生保障稳步提升，城镇调查失

业率稳定在 5.5% 以内，社会保障体系更加完善。全面完成中心城区二级旧里以下改造任务，城乡基本公共服务更加普惠均衡、便利可及。各类教育质量普遍提升，主要劳动年龄人口受过高等教育的比例达到 45%，养老基本公共服务实现“应保尽保”，平均期望寿命继续保持世界先进水平，数字化、高品质、个性化公共服务供给更加丰富多样，各项民生福祉达到新水平。

2.3.3 城市精神品格更加彰显。社会主义核心价值观深入人心，市民文明素质和城市文明程度全面提升，公共文化服务体系和重大文化体育设施布局更加完备，现代文化创意产业体系和文化创新发展生态持续完善，文化旅游体育深度融合发展，文化品牌标识度更加鲜明，人民精神文化生活不断迈上新台阶，具有世界影响力的社会主义国际文化大都市建设取得新突破，城市文化创造力、传播力、影响力显著增强。

2.3.4 生态环境质量更为优良。城乡环境质量持续稳定向好、更加绿色宜人，单位生产总值能源消耗和二氧化碳排放降低完成国家下达目标，$PM_{2.5}$ 等六项大气常规污染物全面稳定达到国家二级标准，部分指标优于国家一级标准，地表水达到或好于Ⅲ类水体比例达到 60% 以上。生态空间规模扩大，生态品质明显提升，森林覆盖率达到 19.5%，公园数量达到千座以上，人均公园绿地面积持续提高。全市生活垃圾回收利用率达到 45% 以上，现代环境治理体系加快形成，绿色低碳生产生活方式成为全社会的新风尚。

2.3.5 超大城市治理更加高效。枢纽型、功能性、网络化、智能化的现代化基础设施体系加快布局完善。“一网通办”“一网统管”高效运转，科学化、精细化、智能化长效机制更加完善，城市安全、韧性全面增强。以党建为引领的基层社会治理水平持续提升，基层和社区活力进一步释放，法治上海建设取得新进展，执法司法公信力和社会法治意识不断增强，平安上海建设取得新突破，成为超大城市治理标杆。

上海市“十四五”规划《纲要》主要指标

指标	单位	属性	“十四五”目标 2025年	“十四五”目标 年均［累计］
全市生产总值年均增长率	%	预期性	—	5左右
全员劳动生产率	万元/人	预期性	36左右	—
单位建设用地生产总值提升	%	预期性	—	[20]
金融市场交易总额	万亿元	预期性	2 800左右	—
在沪跨国公司地区总部数量	家	预期性	—	[累计达到1 000]
全社会研发经费支出相当于全市生产总值比例	%	预期性	4.5左右	—
每万人口高价值发明专利拥有量	件	预期性	30左右	—
数字经济增加值占全市生产总值比重*	%	预期性	>60	—
居民人均可支配收入增长	%	预期性	—	与经济增长基本同步
城镇调查失业率	%	预期性	—	<5.5

金融市场交易总额

该指标为上海主要金融要素市场成交额，包括股票、债券、期货、货币、外汇、黄金等要素市场，是统计期内中国外汇交易中心、上海证券交易所、上海期货交易所、中国金融期货交易所和上海黄金交易所等金融市场成交总额，反映上海金融市场交易活跃程度。

每万人口高价值发明专利拥有量

该指标为每万人口居民拥有的经国家知识产权局授权且在有效期内的战略性新兴领域、在海外有同族专利权、维持年限超过10年、有许可他人实施收益或实现质押融资或者获得国家科学技术奖、中国专利奖的发明专利件数。

* 暂用中国信息通信研究院口径，包括数字产业化（信息产业增加值）和产业数字化（数字技术与其他产业融合应用）两部分。

单位生产总值二氧化碳排放降低

该指标为报告期单位生产总值碳排放与基期单位生产总值碳排放水平相比的下降比例。

大气常规污染物年均浓度（约束性）

该指标包括二氧化硫（SO_2）、二氧化氮（NO_2）、可吸入颗粒物（PM_{10}）、细颗粒物（$PM_{2.5}$）、一氧化碳（CO）和臭氧（O_3）六项污染物指标的平均浓度。

地表水达到或好于Ⅲ类水体比例（约束性）

该指标为根据全市主要河湖水质断面状况计算得出的断面达到或好于Ⅲ类水质的百分比，共涉及273个主要河湖水质断面，其中包括40个国控断面和233个市考断面。

生活垃圾回收利用率

该指标为生活垃圾中可回收物量和进入专用设施处理的湿垃圾量在生活垃圾总量中的占比，即（湿垃圾量＋可回收物量）/生活垃圾总量。

指标	单位	属性	"十四五"目标 2025年	"十四五"目标 年均［累计］
主要劳动年龄人口中受过高等教育的比例	%	预期性	45	—
中心城区二级旧里以下房屋改造面积	万平方米	约束性	—	［成片：五年累计约110 零星：五年累计约20］
居民平均预期寿命	岁	预期性	>84	—
单位生产总值能源消耗降低	%	约束性	—	［确保完成国家要求］
单位生产总值二氧化碳排放降低	%	约束性	—	［确保完成国家要求］
大气常规污染物年均浓度（$PM_{2.5}$、PM_{10}、SO_2、NO_2、O_3、CO）	/	约束性	全面稳定达到国家二级标准，部分指标优于国家一级标准	—
地表水达到或好于Ⅲ类水体比例	%	约束性	>60	—
生活垃圾回收利用率	%	约束性	>45	—
森林覆盖率	%	约束性	19.5	—
单位生产总值生产安全事故死亡率	人/亿元	约束性	<0.01	—

3. 强化全球资源配置功能，提升城市服务辐射能级

Ⅲ. Enhancing the global resources allocation function and upgrading the city service radiating energy level

以巩固和提升经济综合实力、要素资源配置能力、市场主体竞争力为途径，提高对资金、数据、技术、人才、货物等要素配置的全球影响力，加快建设能级更高的国际经济、金融、贸易、航运中心，更好服务形成新发展格局。

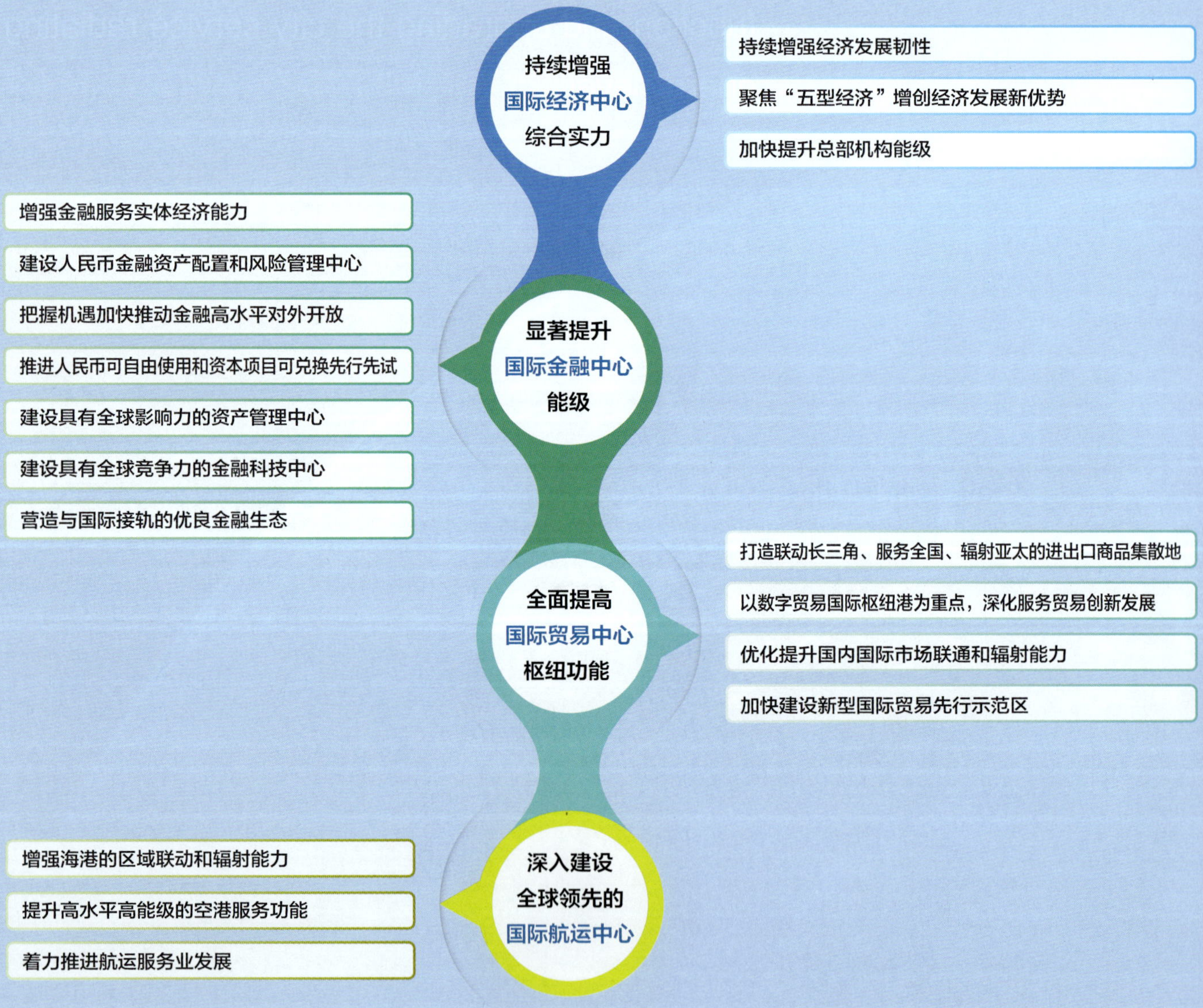

3.1 持续增强国际经济中心综合实力

强化高端要素配置功能、增强集聚辐射能力，更加注重优环境、促联动、提能级，加快建设实力更强的国际经济中心。

3.1.1 持续增强经济发展韧性。立足扩大内需战略，持续抓好“六稳”“六保”工作，提高经济发展质量和效益，推动经济实现量的合理增长和质的稳步提升，努力与全国经济增速保持一致。加快释放消费潜力，进一步增强消费对经济发展的基础性作用，加快建设国际消费中心城市。促进消费提质扩容，激发本地消费、提升外来消费、引导高端消费回流，打造最潮消费场景，营造最优消费环境，建设世界级商圈，提升“五五购物节”影响力和辐射力，持续打响“上海购物”品牌。加快推动服务消费升级，扩大健康消费、促进信息消费、丰富体验消费。大力发展首发经济、品牌经济、免退税经济和夜间经济等，增加高端消费供给，打造全球新品首发地。优化支持新消费新业态新模式，推动在线新消费发展，促进线上线下深度融合。积极拓展投资空间，优化投资结构，保持投资合理增长，进一步发挥投资对优化供给结构的关键作用。滚动完善项目储备库，加强土地、资金、能源等要素保障，提高重点领域和重点区域投资强度。加大 5G、物联网、工业互联网等新型基础设施投资，扩大战略性新兴产业投资，推进浦东综合交通枢纽、大科学设施群、市域（郊）铁路和新城等一批强基础、增功能、利长远的重大项目建设。保持房地产投资平稳增长，以稳地价、稳房价、稳预期为目标，加大住宅用地供应，完善住房供需平衡的长效机制。进一步优化经济发展政策环境，积极回应各类大、中、小型企业诉求，加强制度创新和政策供给，调整优化土地、规划、环保、人才、融资等政策措施，健全政策落实协调机制，提高涉企服务政策的精准性、覆盖面和落地率。

3.1.2 聚焦“五型经济”增创经济发展新优势。牢牢把握国际大都市经济的特征和优势，加快发展服务经济为主、创新内核高能、总部高度集聚、流量高频汇聚、深度融入全球的经济形态。发展具有引领策源功能的创新型经济，培育和吸引高能级创新主体，提升实体经济的创新含量和质量。发展辐射区域大、附加值高、具有品牌优势的服务型经济，增强集聚辐射带动功能。发展具有全球影响力和控制力的总部型经济，着力培育吸引集聚多功能、高能级的国内外企业总部。发展融入全球产业链价值链中高端、体现高水平投资贸易便利化自由化的开放型经济，着力提升“引进来”的吸引力和“走出去”的竞争力。发展传统线下流量和新型线上流量并重的流量型经济，促进资金、人才、技术、信息、数据等要素资源高频流动、高效配置、高能增值。

3.1.3 加快提升总部机构能级。培育和吸引具有全球竞争力的世界一流企业，鼓励支持企业“在上海、为全球”，加快提升国内国际资源配置能力，提升对产业链供应链的掌控力。实施“总部增能”行动，创新资金进出管理、境内外融资、数据跨境流动、人员出入境、通关便利等方面的功能性政策，吸引跨国公司亚太总部和全球总部落户，鼓励跨国公司立足上海设立辐射亚太、面向全球的资财中心、销售中心、采购中心、研发中心、供应链管理中心、共享服务中心等功能性机构。支持跨国公司地区总部争取母公司资源，提升跨境服务管理能力，增强整合协调亚太产业链供应链、辐射全球的功能。加快培育集聚本土跨国公司和企业总部，吸引更多国内企业总部或二总部落户上海，梯度培育、分类支持一批潜力型全球500强、高估值独角兽企业。大力培育和吸引新生代企业总部，培育和集聚隐形冠军、科创型高成长性企业、新生代互联网企业等各类企业主体，支持一批新经济头部企业做大做强。

“独角兽”企业

是指成立时间不超过10年，获得过私募投资且尚未上市，估值超过10亿美元的企业。

3.2 显著提升国际金融中心能级

全力落实国家金融发展战略，聚焦服务实体经济、防控金融风险、深化金融改革，加快提升金融市场国际化水平，促进金融、科技和产业良性循环，推动金融与实体经济均衡发展，构建更具国际竞争力的金融市场体系、产品体系、机构体系、基础设施体系，建设具有较强全球资源配置功能、与我国经济实力和人民币国际地位相适应的国际金融中心。

3.2.1 增强金融服务实体经济能力。构建支持科技自主创新的金融服务体系，充分发挥科创板制度创新作用，支持和鼓励更多高新技术企业上市，吸引更多长期资金入市。深入推进“浦江之光”行动，完善全流程金融服务链，不断培育优质上市资源。推动金融机构围绕科创企业发展提供信贷融资、财务顾问等服务，创新科技保险产品。大力发展普惠金融，发挥金融机构和地方金融组织作用，完善中小微企业融资服务体系，健全政府性融资担保、再担保体系，完善信贷奖补政策，优化风险分担机制。创新数字普惠金融产品和服务，支持供应链金融发展。加强政银企三方信息对接，深化大数据普惠金融应用。探索建设区域性小微企业金融服务信息共享平台。积极发展绿色金融，充分发挥国家绿色发展基金示范作用，促进长江经济带沿线绿色发展。丰富绿色金融产品，鼓励绿色基金、绿色信贷、绿色债券、绿色保险等金融创新。支持长三角生态绿色一体化发展示范区申建绿色金融改革创新试验区，积极参与国际绿色金融标准制定。鼓励发展商业养老保险，支持保险机构创新养老保险产品和服务，研究推出面向特定人群的专属保险产品，鼓励保险资金与其他社会资本合作设立养老机构。建设长三角区域科创金融改革试验区，加大金融支持长三角区域科技创新力度，推进长三角支付清算、信用担保等业务同城化。

3.2.2 建设人民币金融资产配置和风险管理中心。大力发展直接融资，增强资本市场枢纽功能，完善信息披露、发行、退市等制度。配合上海证券交易所稳步推进主板股票公开发行注册制，提高上市公司质量。争取债券发行制度改革先行先试，扩大公司债券发行规模。加大资产证券化产品创新力度，依托上海证券交易所打造全国基础设施 REITs 产品发行交易首选地。积极支持银行保险机构参与资本市场建设。支持外汇市场创新，提高人民币在全球外汇交易中的比重。推进银行间利率、外汇等基础衍生品市场发展，提高交易便利度。构建系列化的期货品种体系，丰富机构投资者种类。进一步完善黄金市场产品体系和服务功能。支持票付通等业务创新，提升票据市场服务实体经济功能。增强“上海价格”国际影响力，支持“上海金”“上海油”“上海铜”等基准价格在国际金融市场广泛使用，提升重要大宗商品的价格影响力。推动上海期货交易所探索建立场内全国性大宗商品仓单注册登记中心。优化人民币汇率中间价、上海银行间同业拆放利率（Shibor）、贷款市场报价利率（LPR）等形成机制，更好发挥金融市场定价基准作用。完善多层次金融机构体系，集聚更多具有行业影响力和引领性的中外资金融机构落户上海，培育和吸引实力较强、经营规范的金融控股公司。支持金融机构在沪设立各类专营机构。引导中小、民营金融机构健康发展。建设融资租赁产业高地，支持飞机、船舶、高端装备等行业发展。加强金融基础设施体系建设，支持在沪金融基础设施提升能级，构建联通全球的数字化金融基础设施。加快构建安全高效的本外币支付清算体系，提升跨境支付清算系统（CIPS）全球人民币跨境支付清算的服务功能和效率。支持上海清算所等主动参与中央对手方的跨境监管规则制定。建设中国金融市场交易报告库，提升金融市场监测水平。研究建设国家级大型场内贵金属储备仓库。

3.2.3 把握机遇加快推动金融高水平对外开放。率先实施金融业对外开放措施，

绿色金融

是指为支持环境改善、应对气候变化和资源节约高效利用，对环保、节能、清洁能源、绿色交通、绿色建筑等领域的项目投融资、项目运营、风险管理等所提供的金融服务。

基础设施领域不动产投资信托基金（基础设施 REITs）

是国际通行的配置资产，具有流动性较高、收益相对稳定、安全性较强等特点，能有效盘活存量资产，填补当前金融产品空白，拓宽社会资本投资渠道，提升直接融资比重，增强资本市场服务实体经济质效。

中国金融市场交易报告库

涵盖金融市场的交易全生命周期数据，包括货币市场、证券市场、票据市场、黄金市场、外汇市场等；既包括线上，也包括线下。有利于高效、准确、全面反映金融市场信息，及时捕捉风险点，防范金融市场风险，维护金融稳定，助力货币政策有效传导和宏观审慎管理有效运行。

鼓励符合条件的外资以多种方式在沪设立金融机构，按照内外资一致性原则开展业务经营。建设国际金融资产交易平台，提升全球资源配置功能。扩大金融市场开放，加快资本要素双向开放深度融通，提升金融市场国际化水平。按照实需原则和风险中性原则，推动中国外汇交易中心开展人民币外汇期货试点。研究探索国债期货作为特定品种对外开放，为持有境内人民币资产的境外投资者提供更便利的风险对冲支持。加快推进银行间与交易所债券市场统一对外开放，进一步便利境外合格机构投资者参与。建设国际再保险中心，发展国际再保险业务，增强上海再保险市场承接全球风险的能力，为“一带一路”海外项目提供全面风险保障。丰富再保险机构主体类型，支持境内外再保险公司在上海设立机构。完善跨境金融服务，加强与区域全面经济伙伴关系协定（RCEP）成员之间金融交流合作。

3.2.4 推进人民币可自由使用和资本项目可兑换先行先试。扩大人民币跨境使用，积极推进大宗商品贸易、对外工程承包、跨境电子商务等领域使用人民币计价结算，着力提升人民币在经常项目和直接投资中的跨境收付比例，不断提高人民币跨境结算等服务的便利化水平。稳步推进人民币资本项目可兑换，不断提升经常项目可兑换便利性。支持境外投资者投资在沪股票、债券等金融产品，推动人民币由交易货币向投资储备货币发展。实施更加便利的跨境资金管理制度，建立和完善跨境资本流动宏观审慎管理的监测、预警和响应机制。发展人民币离岸交易，在风险可控前提下，支持金融市场、金融机构等围绕离岸经贸业务提供人民币离岸金融服务，研究制定与国际接轨的业务规则、监管等制度。

3.2.5 建设具有全球影响力的资产管理中心。丰富资产管理市场主体，吸引全球知名资产管理机构在沪设立区域总部，支持银行理财、基金、保险等机构及其专业子公司落户，集聚私人银行、家族信托等资产管理机构。发展基金登记、估值核算、基金评价等服务机构，研究设立专业托管机构。加强资产管理产品和服务创新，加强管理人中管理人（MOM）、基金中基金（FOF）等产品研发，大力发展大宗商品基金，在中证张江自主创新 50 指数基础上推出 ETF 产品。支持资产管理机构申请证券基金投资顾问资格，参与基本养老保险基金、企业年金、职业年金管理。在临港新片区研究建立资产管理机构跨境资金管理有效途径。发展特殊资产管理业务，有序扩大市场主体范围，提升不良资产处置能力。深化私募基金跨境投资试点，支持同一主体开展合格境内有限合伙人（QDLP）试点、外商独资私募证券投资基金管理人（WFOE PFM）等业务。支持优质资产管理机构扩大 QDLP 额度。深化合格境外有限合伙人（QFLP）和 QDLP 试点投资范围。

3.2.6 建设具有全球竞争力的金融科技中心。加强金融科技研发应用，加快推动以大数据、人工智能、区块链、云计算、5G 等为代表的金融科技核心技术研发攻关。推动在沪设立国家金融科技发展研究中心。开展数字人民币应用试点。推进金融科技在金融市场交易、支付结算服务、智慧银行建设、智能投资管理服务、保险产品创新等领域的广泛应用。集聚金融科技产业，支持中国人民银行在沪设立金融科技子公司，吸引金融机构和大型科技企业在沪设立金融科技公司、研发中心和开放式创新平台，集聚一批具有国际知名度和影响力的金融科技龙头企业。推动金融科技专业智库和联盟发展。探索金融科技监管创新，有序推进金融科技创新监管试点。充分评估新技术与业务融合的潜在风险，建立完善金融科技风险防范机制，落实金融信息安全保护制度。研究建立长三角金融科技监管协作机制，提升区域监管科技水平。营造一流金融科技发展环境，举办高水平全球金融科技峰会。加大对金融科技人才支持力度。在充分保障数据安全的前提下，推动跨领域、跨行业的数据融合与协同创新，依法有序丰富金融科技数据资源。

3.2.7 营造与国际接轨的优良金融生态。加快金融法治规则与国际对接，推动高水平金融法律供给，探索建设金融法治试验区。提升上海金融法院、金融仲裁院等涉外金融审判和仲裁的国际化水平，加快适用国际通行的金融审判和仲裁规则。加强对金融创新成果的知识产权保护。探索实践证券代表人诉讼、全国性证券期货纠纷调解等制度创新。支持中国人民银行上海总部等联合成立中国金融法治研究院。完善金融监管体系，加强央地金融监管协同，完善地方金融监管体制，提升金融监管透明度和法治化水平。建设地方金融统一监管平台，发挥金融科技在防范化解金融风险中的作用。健全社会信用体系，支持中国人民银行征信中心实现长三角企业和个人借贷信息全覆盖，充分发挥上海市公共信用信息平台作用，加强信息归集共享整合。探索金融税收改革，研究与跨境金融相关的税收制度，吸引新机构新业务集聚。建设国际金融人才高地，优化金融人才集聚、评价、培养和服务保障机制，着力构建更好服务上海国际金融中心建设的金融人才体系，推动金融人才进一步汇聚、结构进一步优化。优化区域金融功能布局，巩固和提升陆家嘴金融城核心功能区地位，支持外滩金融集聚带南北延伸和纵深拓展，提升北外滩金融功能和集聚度。深化国际交流合作，积极参与全球金融治理，完善上海与其他国际金融中心城市的合作机制，将“陆家嘴论坛”打造成为全球最具影响力的金融高端论坛之一。强化金融风险管理，健全金融风险预防、预警、处置、问责制度体系，对违法违规行为零容忍。严格落实金融机构主体责任、地方政府属地责任以及金融管理部门监管责任。制定完善突发性金融风险应急预案，依法稳妥化解金融风险。加强金融投资者和消费者宣传教育，提升风险防范意识。坚决守住不发生区域性、系统性金融风险底线。

3.3 全面提高国际贸易中心枢纽功能

积极应对国际市场和全球价值链变化的挑战，实施贸易高质量发展战略，建设集散功能强劲、有形无形贸易统筹发展、高效链接国内国际两个市场的全球贸易枢纽。

3.3.1 打造联动长三角、服务全国、辐射亚太的进出口商品集散地。促进贸易规模稳中有升，强化贸易与投资双向互动，稳固全球最大的货物贸易口岸城市地位。支持加工贸易创新发展，鼓励企业进行技术改造、设立研发中心，促进生产制造与服务贸易融合发展。促进关键装备、零部件和技术专利进口，夯实国内最大的进口消费品集散地地位。建设高能级强辐射的贸易平台，深化外高桥国家级进口贸易创新示范区建设，做强一批功能性、专业化贸易平台，形成集商品进口、保税仓储、分拨配送、展示销售、零售推广及售后服务等于一体的贸易服务链。开拓多元化贸易市场，积极把握 RCEP 等自贸协定签署实施带来的全方位经济效应，支持企业优化国际市场布局，深耕发达经济体等传统市场，拓展与“一带一路”相关国家合作空间。促进内外贸监管体制、经营资质、质量标准、检验检疫、认证认可等相衔接，推进同线同标同质。支持行业组织、贸易促进机构搭建公共服务平台，帮助企业参加境内外贸易促进活动。加大财税、金融等政策支持，扩大出口信用保险覆盖面。

3.3.2 以数字贸易国际枢纽港为重点，深化服务贸易创新发展。大力发展数字贸易，聚焦云服务、数字内容、数字服务、跨境电子商务等重点领域，做强要素流动、数字监管、总部集聚功能。建设国际互联网数据专用通道、新型国家互联网交换中心，探索建立服务于跨境贸易的大型云基础设施。健全数字知识产权服务功能，完善跨境支付结算功能。集聚培育一批国际化、有潜力的数字贸易品牌。加快建设数字贸易跨境服务集聚区，认定一批国家数字服务出口基地。深化服务贸易创新发展试点，深化服务贸易扩大开放，争取先行试点跨境服务贸易负面清单，积极扩大信息技术、商务服务、金融保险、研发设计、文化等服务出口规模，推动技术进口方式和来源地多元化。加快建设国家文化出口基地、中医药服务出口基地。推动传统服务贸易转型升级，立足提升服务质量和数字化水平，增强旅游、交通运输、建筑等传统服务出口能力。创新服务外包发展模式，推动服务外包与高端制造、生产性服务业融合发展，加快发展一批拥有自主知识产权、自主品牌的服务产品。

3.3.3 优化提升国内国际市场联通和辐射能力。打造具有亚太影响力的大宗商品市场，聚焦钢铁、有色金属、石油化工等领域，打造若干千亿级、万亿级的大宗商品现货交易平台。积极推动大宗商品交易规则和监管治理创新，布局亚太地区交割仓库、物流网络以及交易经纪业务，建立完善大宗商品供应链体系。推动“期现联动”创新，开展产能预售、仓单互认等业务试点。提升亚太供应链管理能力，吸引集聚更多供应链核心环节集聚上海，完善国际物流分拨、贸易结算、研发设计等功能。建设供应链公共服务与专业服务平台，优化提升综合服务能力。推进建设中国（上海）宝玉石交易中心。推进现代流通体系建设，加快集聚供应链总部企业，支持打造形成立足全国、面向亚太的供应链、产业链集群。完善供应链物流支撑体系，加快智慧物流基础设施建设和绿色发展，提高流通标准化应用水平，优化物流仓储规划布局和城乡配送网络体系。推动青浦商贸服务型国家物流枢纽建设。

3.3.4 加快建设新型国际贸易先行示范区。加快跨境电商综合试验区建设，鼓励模式创新，建设跨境电商营运中心、物流中心和结算中心。深化跨境电商出口试点，支持企业建设海外仓，提供多元化增值服务。提升公共服务平台服务能级，支持专业服务机构为跨境电商企业提供通关、物流、品牌营销、融资、法律等服务。增强转口贸易枢纽功能，促进洋山港、外高桥“两港”功能和航线布局优化，进一步简化进出境备案手续，提高货物流转的通畅度和自由度。在洋山特殊综合保税区建设国际中转集拼服务中心，加快浦东机场航空超级货站建设。对转口贸易企业实施信用分级管理，优化货物状态分类监管模式，提升货物集拼和分拨便利化。实现离岸贸易创新突破，扩大以自由贸易账户等为基础的离岸贸易企业参与范围，培育一批离岸贸易结算标杆企业，提升经常项目汇兑顺畅度，推动实现真实性审核从事前审查向事后核查转变。聚焦重点区域研究探索鼓励离岸贸易发展的税制安排，打造离岸贸易创新示范基地。加快发展高附加值贸易业态，推动一批全球保税维修项目先行先试，增加船舶、航空、轨道交通、工程机械、数控机床等维修品类。创新高端设备再制造监管模式，集聚具有全球影响力的再制造检测认证与研发创新中心和企业。

3.4 深入建设全球领先的国际航运中心

坚持区域协同和内涵提升，加快建设门户枢纽地位稳固、集疏运体系协调高效、航运服务品牌效应凸显、航运治理体系融入全球的国际航运中心。

3.4.1 增强海港的区域联动和辐射能力。引领区域港航协同发展，坚持以上海为中心、苏浙为两翼、长江流域为腹地的发展格局，强化上海港核心和引领地位。支持市场主体以资本为纽带强化长三角港航合作，与浙江联合实施小洋山北侧综合开发，与江苏共同推进沿江、沿海多模式合作，研究完善上海深水港布局。保持集装箱吞吐量全球领先地位，研究推动罗泾等港区转型升级，加强与长江沿线、长三角地区港口的联运合作，到 2025 年集装箱年吞吐量达到 4 700 万标准箱。打造高效畅达集疏运体系，加强长江口航道综合治理，推进长江口辅助航道建设工程。持续完善内河高等级航道网络，推进苏申内港线、油墩港等航道整治工程，发展江海直达、河海直达运输模式。结合沪通铁路项目，建设外高桥港区铁路专用线，改善铁路与港区物流运输通达条件。加快构建洋山港水公铁集疏运系统，建设临港集疏运中心，研究推动南港码头铁路专用线建设。到 2025 年集装箱水水中转比例不低于 52%，集装箱海铁联运总量较“十三五”期末翻一番。提升全球海洋中心城市能级，发展海洋经济，服务海洋强国战略。

洋山深水港

3.4.2 提升高水平高能级的空港服务功能。持续建设世界一流的航空枢纽设施，推进浦东国际机场四期扩建工程，结合南通新机场规划建设，进一步巩固上海航空枢纽核心地位。以浦东综合交通枢纽和机场联络线为重点，进一步完善机场综合交通配套设施，提升服务长三角的能力。全面增强航空枢纽运行服务能力，提升上海航空枢纽航线网络覆盖面和通达性，拓展洲际航线网络、巩固亚洲国际航线网络、发展高品质国内航线网络，积极争取国家在空域管理、航权分配、时刻资源配置方面的支持。全面建设国际航空货运枢纽，提升航空货邮中转功能，支持国内外航空公司和综合物流服务商建设国际性转运中心，促进空港物流多元化发展。到 2025 年航空旅客年吞吐量达到 1.3 亿人次以上，货邮年吞吐量达到 410 万吨以上。

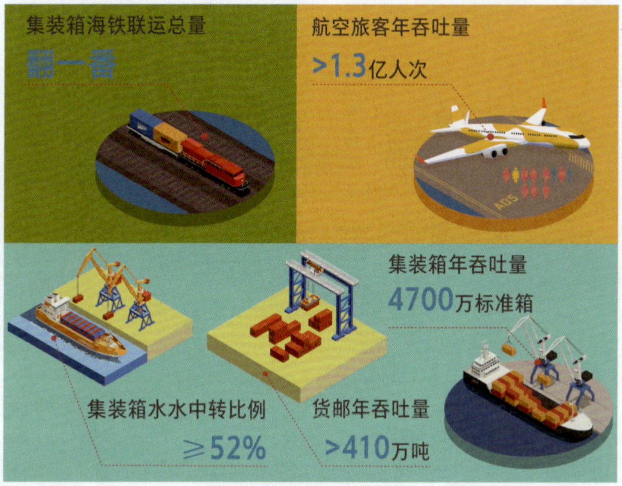

3.4.3 着力推进航运服务业发展。进一步拓展航运服务新空间新业态，完善航运保险市场体系，加快形成具有国际影响力的航运保险市场。支持发展航运衍生品业务，构建衍生品交易、结算和信息平台。推动沪浙船用保税油跨市场协作，扩大船舶维修、物资配送、集拼中转等服务规模。建设国际海事司法中心、亚太海事仲裁中心，积极打造海事纠纷解决优选地。推动口岸、物流、交易、金融等数据集成，提供口岸大数据智能物流服务，打造国际物流信息交换枢纽。健全水上安全保障体系。深化航运制度创新，探索在对等原则下允许外籍国际航行船舶开展以洋山港为国际中转港的外贸集装箱沿海捎带业务。推动自贸试验区国际船舶管理服务创新试点。加快建设航运服务功能集聚区，吸引航运产业链上下游企业和航运功能性机构集聚，建设陆家嘴—世博地区航运高端服务集聚区，打造北外滩航运服务功能创新示范区，办好“北外滩国际航运论坛”，高标准建设临港新片区浦东机场南侧区域，深化虹桥临空经济示范区建设。建设国际一流邮轮港，建立健全适合邮轮靠泊通行和邮轮旅客通关出行的管理体系，完善邮轮公共卫生事件应对策略和标准体系，积极争取邮轮无目的地航线试点，完善邮轮港综合交通体系。

沿海捎带

是指外资或外籍船舶在中国沿海港口之间从事外贸集装箱的国内段运输。

4. 强化科技创新策源功能，扩大高水平科技供给

Ⅳ. Strengthening scientific and technological innovation originating function and expanding high-level science and technology supply

按照把创新放在国家现代化建设全局核心地位、把科技自立自强作为国家发展战略支撑的总要求，面向世界科技前沿、面向经济主战场、面向国家重大需求、面向人民生命健康，坚持科技创新和制度创新双轮驱动，以提升基础研究能力和突破关键核心技术为主攻方向，疏通基础研究、应用研究和产业化双向链接的快车道，激发各类主体的创新动力和活力，强化知识产权运用和保护，以更加开放包容的政策和环境培育集聚各类科创人才，推动国际科技创新中心核心功能取得重大突破性进展，努力成为科学新发现、技术新发明、产业新方向、发展新理念的重要策源地。

大幅提升基础研究水平

- 加强重大战略领域前瞻布局
- 打造高水平基础研究力量
- 优化基础研究领域的多元投入方式

攻坚关键核心技术

- 建立关键核心技术攻关新型组织实施模式
- 构建政产学研合力攻关体制

促进多元创新主体蓬勃发展

- 培育壮大更多高成长性企业
- 激发市场主体创新动力活力
- 大力发展新型研发机构

加快构建顺畅高效的转移转化体系

- 建立更加市场化、专业化的技术转移机制
- 健全与创新发展相适应的投融资体系

厚植支撑国际科创中心功能的人才优势

- 大力集聚海内外优秀人才
- 加强创新型人才培育
- 构建更加灵活有效的人才评价和激励机制
- 加大对各类青年才俊扎根上海的服务保障

以张江科学城为重点推进科创中心承载区建设

- 加快把张江建设成为国际一流科学城
- 加快构建各具特色的科创中心承载区

4.1 大幅提升基础研究水平

统筹优化基础研究重点领域布局，进一步提高张江综合性国家科学中心的集中度和显示度，加快建设一批综合性战略科技力量。到 2025 年力争使基础研究经费支出占全社会研发经费支出比重达到 12% 左右。

4.1.1 加强重大战略领域前瞻布局。围绕国家目标和战略需求，持续推进脑科学与类脑人工智能、量子科技、纳米科学与变革性材料、合成科学与生命创制等领域研究，积极承接和参与国家科技创新 2030 重大项目和国家科技重大任务。面向国家有需求、上海有优势的重点领域，抓紧启动实施一批市级科技重大专项。参与和发起国际大科学计划和大科学工程，构建全方位、高水平的全球科技创新合作网络，提升浦江创新论坛等活动的国际影响力。部署新一代网络、未来计算等战略前沿技术研究，鼓励针对基础领域的自由探索，大力弘扬科学家精神，着重培养一支具有家国情怀的高水平科学家队伍。加快推进硬 X 射线、上海光源二期、海底观测网、高效低碳燃气轮机等重大科技基础设施建设，推动新一代光源预研等项目落地上海，建设一批面向产业发展的创新基础设施，力争总体建成强大的光子领域大科学设施集群、率先构建完整的生命领域大科学设施集群，完善共建共管共享机制，鼓励依托大设施设立科学研究基金，吸引集聚更多国际科研团队开展研究，推动大设施更好地向企业开放，带动相关装备和核心技术企业提高产品和技术能级。开展大设施关键核心零部件、新技术新方法的自主研发，提升技术自主率。

4.1.2 打造高水平基础研究力量。加快国家实验室组建和运行，助力国家战略科技力量建设，建立以目标定任务、以任务配资源的科研管理机制，试点“负面清单”等新模式，赋予国家实验室更大经费使用权和资源调动权等。集聚世界一流水平的顶尖科研机构，加快推进李政道研究所、上海量子科学研究中心、上海清华国际创新中心、期智研究院、浙江大学上海高等研究院等研究机构建设，支持国内外领先科研机构和研究型大学在沪设立研究机构。完善科研基地体系，积极争取各门类国家级、部委级基地平台落户上海，优化布局方向和管理体制，引导更多民营企业参与基地平台建设。加强研究型大学建设，深入落实国家“双一流”战略，持续推进高峰高原学科和高水平地方高校建设，打造若干所世界一流大学和一批世界一流学科或方向。强化对数理化生等基础学科的支持，推进学科交叉融合，鼓励有条件的高校设置基础研究、交叉学科相关专业。扩大优质资源供给，吸引国际知名大

国家实验室

是体现国家意志、实现国家使命、代表国家水平的新型科研机构，是高层次、少而精、突破型、引领型、平台型一体化的大型综合性研究基地，是国家核心战略科技力量。国家实验室以国家目标和战略需求为导向，瞄准国际科技前沿，在具有较强综合应用和基础研究属性、需要长时间投入和大规模协作攻关的领域，优化配置资源，创新体制机制，开展战略性、前瞻性、基础性科技创新，实现原创成果重大突破和产学研用融通发展。

学和国内一流大学在沪开展合作办学或协同研究。支持具备条件的医疗机构建设研究型医院，试点开展临床研究制度创新，鼓励研究型医院联合企业建设各类成果转化和功能验证平台。支持高校、科研院所自主开展基础研究，在部分高校、科研院所设立“基础研究特区”，鼓励自由选题、自行组织、自主使用经费，建立有针对性的项目管理、团队评价、综合保障等机制，为有能力、有志向的科学家创造心无旁骛、潜心研究的有利环境。

4.1.3 优化基础研究领域的多元投入方式。推进政府投入向基础研究倾斜，扩大经费“包干制”试点范围，建立符合科研规律的项目经费预算、审计和财务管理机制，对基础研究类科技项目试行代表作论文评价制度。鼓励企业出资和政府联合设立科学计划，引导社会资本以共建新型研发机构、联合资助、慈善捐赠等方式加大对基础研究的投入。探索设立科学基金会，吸引社会资金支持前沿领域自由探索研究。

新型研发机构

是指聚焦科技创新需求，主要从事科学研究、技术创新和研发服务，投资主体多元化、管理制度现代化、运行机制市场化、用人机制灵活的独立法人机构，可依法注册为科技类民办非企业单位（社会服务机构）、事业单位和企业。

4.2 攻坚关键核心技术

聚焦制约产业发展的关键领域，构建市场化和政府投入协作并举的新型举国体制，打好关键核心技术攻坚战，加速科技成果向现实生产力转化，提高创新链整体效能。

4.2.1 建立关键核心技术攻关新型组织实施模式。建立重大战略任务直接委托机制，聚焦重点领域关键软件、芯片、装备、材料研制、绿色低碳技术等国家重大战略任务，采用定向择优或定向委托方式，支持企业等各类优势单位开展关键核心技术攻关，加快在基础性、通用性技术等方面形成突破。推行科技攻关“揭榜挂帅”制度，改革以往项目评审和纵向委托方式，面向民营企业、新型研发机构等各类创新主体和全球各顶尖团队，形成机会均等的开放式社会创新模式。强化符合技术攻关项目任务特点的协同机制和配套政策，赋予团队更大的经费支配权和科研自主权，培育一批大胆创新的帅才型科学家和技术能手。

揭榜挂帅

也称“科技悬赏制”，是指注重任务导向和结果导向，针对目标明确的科技难题和关键核心技术攻关，设立项目或奖金，不设门槛限制要求，向全社会公开张榜征集创新性科技成果的一种制度安排。

4.2.2 构建政产学研合力攻关体制。支持企业牵头组建创新联合体，鼓励企业与高校、科研院所建立联合实验室或研究院，明确利益分享和风险分担机制，联合开展关键核心技术攻关。探索多个创新主体共同出资、联合申报国家专项项目，进一步激发企业在协同攻关中的能动性。

4.3 促进多元创新主体蓬勃发展

稳步加大全社会研发投入力度，优化投入结构，加强政府科技投入保障，完善系统性的引导激励政策，强化企业创新主体地位，促进各类创新要素向企业集聚，发挥企业家在技术创新中的重要作用，持续提升企业研发支出占全社会研发支出比重。

4.3.1 培育壮大更多高成长性企业。大力实施高新技术企业倍增计划，力争实现高新技术企业数量翻一番。持续加强高新技术企业和科技型企业培育，尽快向各区下放高新技术企业审核权限，探索进一步提高研发费用税前加计扣除比例，引导其持续加大研发投入力度。集聚和壮大更多创新型企业，支持更多优质创新创业和科技服务企业在科创板上市，不断壮大本市在不同层次资本市场上市及挂牌的后备资源。通过企业研发资助和后补贴、创新产品政府首购订购等开放多元方式，促进科技小巨人等各类型科创企业不断涌现。实施更加精准的扶持政策，加快培育一批“独角兽”“瞪羚”和“隐形冠军”企业。发挥大企业引领支撑作用，支持创新型中小微企业成长为创新重要发源地，推动大中小微企业协同创新。

“瞪羚”企业

是指创业后跨过死亡谷、以科技创新或商业模式创新为支撑、进入高成长期的中小企业。这类企业像瞪羚一样，成长性好，具有跳跃发展态势。

“隐形冠军”企业

是指那些不为公众所熟知，却在某个细分行业或市场占据领先地位，拥有核心竞争力和明确战略，其产品、服务难以被超越和模仿的中小型企业。

4.3.2 激发市场主体创新动力活力。构建创新要素自由充分流动、公平竞争的发展环境，促进外资企业融入本土创新体系，积极吸引跨国公司在沪设立全球性研发中心，支持银行为外资研发中心跨境筹资、技术贸易等提供便利。推动外企与本土企业、高校院所开展科技创新合作、共建创新平台，鼓励支持其研发成果在上海实现产业化。进一步引进和培育研发型民营龙头企业，建设面向各类企业的技术研发服务平台和孵化器，鼓励外企和民企参与重大科技项目实施和新型研发机构建设。进一步改革国企考核激励机制，夯实企业主要领导的创新责任，完善国企创新投入持续增长机制，力争本市国企创新投入年均增长不低于5%。推动国有科技型企业在股权激励、薪酬分配等方面开展改革试点。

4.3.3 大力发展新型研发机构。创新新型研发机构管理机制，对于事业单位类新型研发机构，细化落实不定行政级别、编制动态调整、不受岗位设置和工资总额限制的管理机制，建立任务为导向的财政经费综合预算管理制度，给予研发机构更大自主权。推动上海产业技术研究院深化改革和功能升级。研究完善社会组织类和企业类新型研发机构在人员激励、税收等方面的配套性改革。提升研发与转化功能型平台功能，围绕产业关键核心领域开展技术攻关，引导企业等主体参与平台建设，持续强化技术研发和服务能力。加大转制院所混合所有制改革力度，充分释放科研活力，加快向科技研发服务集团转变。

4.4 加快构建顺畅高效的转移转化体系

加快实施新一轮全面创新改革试验，着力破解科技成果有效转化的政策制度瓶颈，加大引导激励力度，激发成果转化主体的创新动力，完善科技金融服务体系，促进创新链上下游紧密衔接联动。

4.4.1 建立更加市场化、专业化的技术转移机制。完善高校技术转移机构成果转化的考核机制和专门激励政策。建立健全赋予高校、科研机构科研人员职务科技成果所有权或长期使用权的激励流程和管理制度，推动成果转化政策适用的主体范围和成果类型进一步扩大。探索一定年限内未转化的科技成果主动公开许可试点和科技成果转化税收优惠试点。发挥国家知识产权国际运营试点平台功能，促进知识产权市场化运营和资本化运作，引导知识产权密集型产业建设运营中心。完善知识产权服务体系，加大相关服务业开放力度。

4.4.2 健全与创新发展相适应的投融资体系。适度扩大政策性融资担保基金的普惠面，提升政府引导基金对社会资本的导向作用，加强对种子期、初创期中小微科创企业的支持。深化投贷联动，完善“股权 + 债权”管理模式，推动商业银行在信贷准入、考核激励和风险容忍等方面建立匹配科创企业轻资产、无抵押等特点的融资模式。吸引境内外创业投资基金、产业投资基金等来沪设立总部或分支机构，大力优化创业投资发展的政策环境，支持天使投资等早期资本发展。推动国有创投机构市场化改革，实施核心团队持股、薪酬体系改革等举措，建立市场化的人才选聘和项目遴选制度，放开二级、三级公司的国有成分股比限制。

投贷联动

是指符合条件的银行业金融机构与创业投资、股权投资机构等外部机构合作，或通过设立从事股权投资的全资子公司，开展“股权 + 银行贷款”和“银行贷款 + 认股权证”等融资方式创新，为科创类企业经营提供股权和债权相结合的融资服务模式。

4.5 厚植支撑国际科创中心功能的人才优势

全面确立人才引领发展的战略地位，扩大“海聚英才”品牌影响力，进一步实行更加开放、更加便利的人才引进政策，大规模集聚海内外人才，加快形成具有全球吸引力和国际竞争力的人才制度体系，促进人才要素市场化配置，为科创中心建设提供强劲持续、全方位全周期的智力支撑，成为天下英才向往的机遇之城、逐梦之都。

4.5.1 大力集聚海内外优秀人才。加强高峰人才引育，采用国际通行的人才遴选机制，配置具有国际竞争力的事业发展平台，加快引育一批具有全球号召力和国际视野的科学家、领军人才和创新团队。持续办好世界顶尖科学家论坛，建设科学社区，吸引顶尖科学家设立实验室并开展创新研究。实施更加开放的海外人才引进政策，创新海外引才方式，鼓励中外合作开展人才培养，先行先试更加开放便利的签证、工作许可、长期居留和永久居留政策。实施更有吸引力的国内人才集聚政策，加大重点产业、重点区域和基础研究领域人才引进力度，完善人才落户政策，优化居住证（积分）待遇，吸引更多优秀人才来沪发展。

4.5.2 加强创新型人才培育。强化基础研究人才培养，建立面向未来的顶尖人才早期发现、培养和跟踪机制，实施强基激励计划、超级博士后计划和青年英才开发计划，给予基础研究人才长期稳定支持。完善科教融合和产教融合育人机制，实施高等教育人才揽蓄计划，支持科研人员在高校、企业间双向兼职兼薪和柔性流动，加快培育一批拥有科研创新能力、科技成果转化能力和创业潜力的人才，壮大高水平工程师和高技能人才队伍。实施面向未来的青少年科学创新教育行动，加强青少年科技后备人才发现和培养，构建大中小学衔接的拔尖创新人才培养体系。推进科学普及高质量供给，全面提高公民科学素质和能力。

4.5.3 构建更加灵活有效的人才评价和激励机制。坚持凭创新能力、质量、实效、贡献评价人才，赋予用人单位、行业组织人才评价主体地位。引入市场评价、社会评价和同行评价，科学设置人才评价周期。推进更加灵活的人才使用机制，支持符合条件的高校、科研院所在一定范围内自主引进人才和评定职称。深化科技创新激励改革，完善充分体现知识、技术等创新要素价值的分配机制，加大对贡献突出人才的倾斜力度，优化绩效工资增长机制，提升行业部门绩效工资自主统筹权，加大重点产业人才奖励力度，建立创新者分享产权的机制，全面激发科研人员创新热情。

4.5.4 加大对各类青年才俊扎根上海的服务保障。全面构建青年友好的创新创业生态和工作生活环境，吸引更多青年才俊选择上海、扎根上海、书写梦想、成就事业。加强对青年创新创业的政策支持，深入推进青年大学生创业引领计划、“活力创城”上海青少年创新创业行动，做强“海纳百创”创业品牌，加强创业资金扶持和金融支持，引导鼓励各类市场主体培育发展低成本、便利化、全要素、开放式的众创空间。鼓励在科创中心承载区和青年人才集聚度高的园区社区，围绕青年人才创意交互、工作交流、生活交往需求，打造24小时青年创新生态社区，为青年创新创业提供全方位、全天候、多功能支持的活力空间。实施人才安居工程，拓宽人才安居租赁房源筹集渠道，盘活市场化租赁住房、闲置宅基地等住房资源，鼓励产业园区、大型企事业单位新建人才公寓，到2025年全市用于人才安居的租赁房源规模达到20万套。完善人才安居政策体系，优化人才购房政策，建立市级人才租房补贴制度，鼓励各区扩大补贴范围、提高补贴标准，有效解决人才住房难题。提升服务各类人才水平，充分发挥优质教育、医疗资源在吸引人才、服务人才中的作用。

24小时青年创新生态社区

是指在青年人才集聚的科创中心承载区、双创示范基地、园区等，围绕青年人才工作、居住、生活等需求，促进社区园区联动，提供全天候不打烊的创业支持、交流展示、休闲娱乐等多功能服务的新型社区。

4.6 以张江科学城为重点推进科创中心承载区建设

以张江科学城、临港新片区等重点区域为核心，提升创新浓度和密度，优化科创中心承载区的功能布局，加快建设各具特色的创新要素集聚点和增长极。

4.6.1 加快把张江建设成为国际一流科学城。强化张江科学城引领作用，持续推动高水平研究型大学、高能级科研机构、高层次创新创业人才等创新资源要素向张江集聚，加快张江科学城扩区提质、完善功能，不断增强科学策源、技术发源、产业引领等核心功能。率先构建符合创新规律的科技制度体系，深化张江科学城和陆家嘴金融城双城联动，进一步打响张江科创品牌，支持更多具有国际影响力的科技创新论坛等活动在张江科学城举办，努力建设成为科学特征明显、科技要素集聚、环境人文生态、充满创新活力的国际一流科学城。持续发挥张江高新区产业载体功能，统筹资源配置，完善服务机制，提升创新创业生态能级。

张江“科学之门”（效果图）

4.6.2 加快构建各具特色的科创中心承载区。强化临港、杨浦、徐汇、闵行、嘉定、松江等关键承载区承接科学技术转移、加快成果产业化等功能，放大创新集成和辐射带动效应。发挥长三角 G60 科创走廊科技和制度创新双轮驱动的先试作用，推动以上海、南京、杭州和合肥等中心城市为主要节点的长三角科技创新圈建设，进一步织密区域创新网络。提升大学科技园技术转移、创业孵化服务能力，深化大学校区、科技园区、城市社区的联动融合，依托高校优势打造一批具有一定影响力和品牌效应的大学科技园示范园。鼓励各区进一步发挥资源禀赋和特色优势，加快推进创新要素集聚、创新主体培育、创新生态优化，努力形成活力迸发的全域创新发展格局。

长三角 G60 科创走廊

依托 G60 高速和沪苏湖、商合杭高铁，贯穿沪苏浙皖三省一市，覆盖上海市松江区，江苏省苏州市，浙江省杭州市、湖州市、嘉兴市、金华市，安徽省合肥市、芜湖市、宣城市 9 个市（区），目标是到 2025 年，基本建成具有国际影响力的科创走廊，新兴产业蓬勃发展，形成若干世界级制造业集群，成为我国重要创新策源地。

D6
D5
C6
C5

5. 强化高端产业引领功能，加快释放发展新动能

Ⅴ. Strengthening the leading role of high-end industries and unleashing new drivers of development more quickly

主动顺应新一轮科技革命和产业变革趋势，充分发挥经济中心城市功能，按照“高端、数字、融合、集群、品牌”的产业发展方针，聚焦高知识密集、高集成度、高复杂性的产业链高端与核心环节，以新一代信息技术赋能产业提质增效，促进制造和服务融合发展，全力打响上海品牌，在数字赋能、跨界融合、前沿突破、未来布局等方面占据发展主导权，着力构建实体经济、科技创新、现代金融、人力资源协同发展的现代产业体系，加快形成战略性新兴产业引领与传统产业数字化转型相互促进、先进制造业与现代服务业深度融合的高端产业集群，努力保持制造业占全市生产总值比重基本稳定、持续增强核心竞争力，不断提升高端和新兴产业集群增加值占全市生产总值比重。

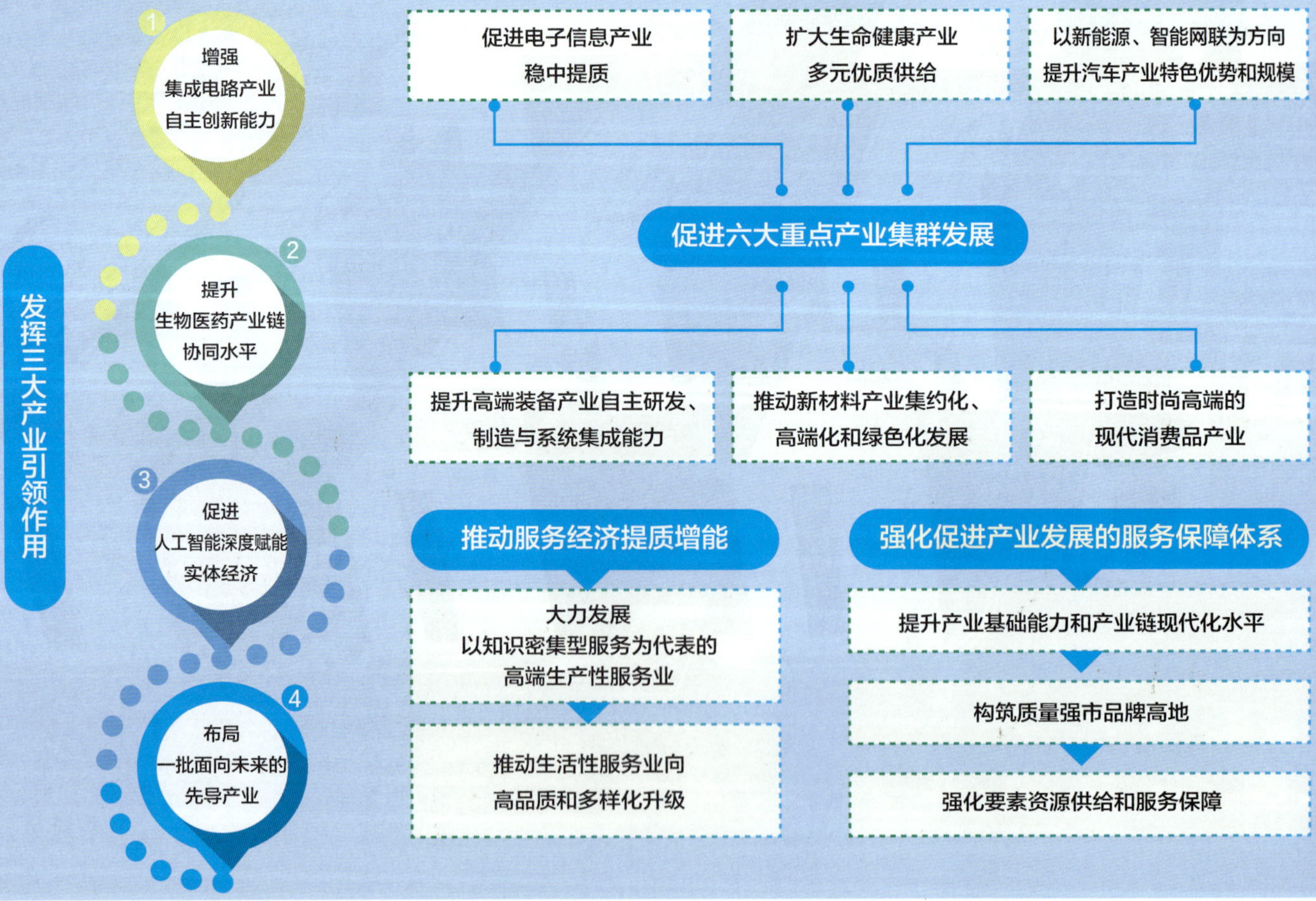

5.1 发挥三大产业引领作用

聚焦集成电路、生物医药、人工智能等关键领域，以国家战略为引领，推动创新链、产业链融合布局，培育壮大骨干企业，努力实现产业规模倍增，着力打造具有国际竞争力的三大产业创新发展高地。

5.1.1 增强集成电路产业自主创新能力。努力打造完备产业生态，加快建设张江实验室，加强前瞻性、颠覆性技术研发布局，构建上海集成电路研发中心等为主要支撑的创新平台体系。围绕国家重大生产力布局，推动先进工艺、特色工艺产线等重大项目加快建设尽早达产，加快高端芯片设计、关键器件、核心装备材料、EDA 设计工具等产业链关键环节攻关突破，加强长三角产业链协作，逐步形成综合性集成电路产业集群，带动全国集成电路产业加快发展。

EDA（Electronics Design Automation）设计工具

是指电子设计自动化设计工具，大致可分为芯片设计辅助软件、可编程芯片辅助设计软件、系统设计辅助软件等三类。

5.1.2 提升生物医药产业链协同水平。建设生物医药领域国家级重大创新平台，布局建设一批基础研究和转化平台，组织实施应用领域关键技术攻关。推动产医融合，鼓励企业与高水平医院合作，建立医企融合示范基地，健全市级医院医企协同研究创新平台功能，建立医企需求对接工作机制，加快国家转化医学中心（上海）投入运营，加速临床研究成果转化，加大医保支持力度。加速产业链集聚发展，高标准规划打造以“张江药谷”为引领、临港新片区等为依托的“1+5+X”生物医药产业基地新布局，鼓励推广合同研发及生产等组织模式。优化产业发展环境，积极引导社会资本参与支持生物医药早期项目，争取国家政策和制度突破，把握国家药监局药品和医疗器械技术审评检查长三角分中心建设机遇，加快创新药品和医疗器械研发上市。

生物医药合同研发及生产

生物医药合同研发组织（CRO：Contract Research Organization）是指通过合同形式为药物、医疗器械等提供专业化研发服务的机构。
生物医药合同研发生产组织（CDMO：Contract Development and Manufacturing Organization）是指通过合同形式为药物、医疗器械研发及规模化生产提供专业化服务的机构。

5.1.3 促进人工智能深度赋能实体经济。以提升基础创新能力和拓展应用场景为双引擎，建设人工智能领域国家级重大创新平台，打造一批高水平开放协同平台，在智能芯片、智能软件、智能驾驶、智能机器人等领域，持续落地一批重大产业项目。围绕制造、医疗、交通、教育、金融、城市管理等领域，形成更广泛的“智能+”深度融合应用和技术迭代。持续办好世界人工智能大会。

5.1.4 布局一批面向未来的先导产业。结合上海产业基础和技术布局，针对一批代表技术发展和产业升级方向、尚存在一定不可预见性的重要领域，在第六代通信、下一代光子器件、脑机融合、氢能源、干细胞与再生医学、合成生物学、新型海洋经济等方面，加强科技攻关与前瞻谋划，为未来产业发展奠定基础。

世界人工智能大会

5.2 促进六大重点产业集群发展

瞄准产业发展前沿，突出集群发展理念，打响“上海制造”品牌，在传承、创新和提升既有优势产业中，重点打造具备产业比较优势、制造服务交互融合、未来发展潜力巨大的六大重点产业集群。到 2025 年战略性新兴产业增加值占全市生产总值比重达到 20% 左右。

5.2.1 促进电子信息产业稳中提质。加强 5G 融合应用，推动规模化部署，带动新一代通信设备产业发展。促进新型显示发展，打造国内领先的超高清显示集聚区和“5G+8K”应用示范区。推动终端制造企业在产品形态、功能、商业模式上加强创新。加快智能传感器的规模化应用，加快建设上海智能传感器产业园。

5.2.2 扩大生命健康产业多元优质供给。加强智能诊疗产品及核心零部件的创新研发，推进智能可穿戴设备、健身运动器材、养老康复设备、健康管理设备等产品的质量优化，推广优质健康产品示范应用。大力发展健康服务新业态、新模式，促进健康服务与互联网、养老康复、健身休闲、文化旅游等领域融合发展，大力发展智能、精准、可定制的健康服务。

5.2.3 以新能源、智能网联为方向提升汽车产业特色优势和规模。把握电动化、智能化、网联化、共享化发展趋势，着力优化汽车产品和服务结构。加快发展新能源汽车，形成动力电池、驱动电机、电控及燃料电池电堆系统等关键总成的产业链条，加快燃料电池汽车推广应用，到 2025 年本地新能源汽车产值占汽车行业比重

智能汽车

是指融合现代通信与网络技术的具备辅助驾驶等多种智能功能的汽车，通过搭载先进的车载传感器、控制器、执行器等装置，实现车与人、车、路、后台等智能信息交换共享，达到安全、舒适、节能、高效的驾驶体验提升。

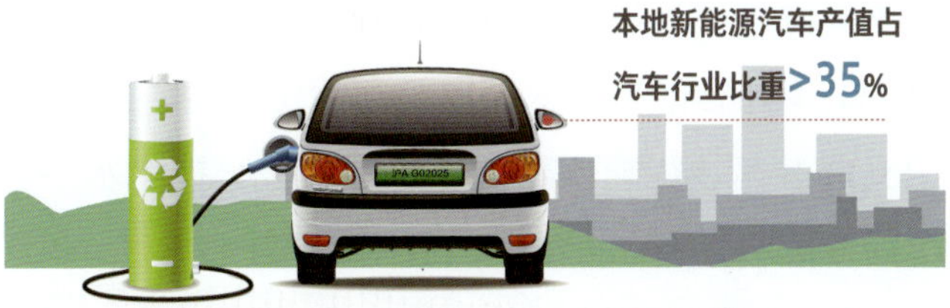

达到 35% 以上。打造国家智能汽车创新发展平台，推进引领全国的智能汽车示范应用和试点运营，实现自动驾驶特定场景商业化运营试点。引导车企向全方位移动出行产品和服务综合供应商转型，打造智慧全出行链，延伸发展汽车金融、租赁等后市场服务。

5.2.4 提升高端装备产业自主研发、制造与系统集成能力。加强航空航天技术攻关及配套能力建设，加速民用大飞机和航空发动机型号研制，推动单通道飞机（C919）实现适航取证，扩大批产规模，加快新型支线飞机（ARJ21）批量生产和系列化改进改型，推进宽体客机（CR929）研制，加快培育本土大飞机产业链。推动商业航天加快发展，打造高可用、高可信、高精度的卫星应用及位置服务产业链。优化船舶海工装备产品结构，大力发展大型邮轮、LNG 运输船、超大型集装箱船、高端客滚船、全自动化码头作业装备、海上油气开采加工平台、海洋牧场装备等高

CR929

海洋石油 981 深水半潜式钻井平台

中国海油“大鹏昊”号 LNG 运输船

技术高附加值产品，将长兴岛打造成为具备国际竞争力的船舶与海洋工程装备制造基地。支持智能机器人研发及产业化应用，提升高端数控机床、增材制造装备、轨道交通装备、智能仪器仪表等领域核心技术水平。推动能源环保装备智慧、绿色、高效发展，打造一批能源互联网示范工程。

5.2.5 推动新材料产业集约化、高端化和绿色化发展。不断优化钢铁产业产品结构，发展短流程炼钢，重点增强汽车、海工、电力、航空航天等领域高端钢铁产品的配套能力。优化石化产业链空间布局，支持向精细化、高端化延伸，发展先进高分子材料、专用化学品等，扩大高端产品结构占比。加快超导材料、石墨烯、碳纤维、3D 打印材料等前沿新材料的研发、示范应用和产业化，提升电子信息、生物医药、航空航天等领域关键战略材料的综合保障能力。

5.2.6 打造时尚高端的现代消费品产业。适应和引领新消费需求，推动服饰、轻工、食品等特色产业提高原创设计能力，改进工艺水平，强化供应链整合，拓展线上线下营销渠道。焕新轻工业历史经典品牌，力争在美妆护肤、珠宝首饰、运动用品、智能家居、时尚数码、适老及婴童等领域推出适应新生代消费群体需求的优质产品和新锐品牌，将上海打造成为品牌荟萃、市场活跃、消费集聚、影响广泛的国际时尚之都、品牌之都。提升本市绿色食品认证率，促进绿色食品规模化发展。

5.3 推动服务经济提质增能

以新兴技术为驱动，以商业模式创新和应用场景开放为牵引，以市场准入、行业监管、政策配套等规则体系创新为突破口，促进新兴服务繁荣壮大，推动传统服务提质升档，持续打响“上海服务”品牌。

5.3.1 大力发展以知识密集型服务为代表的高端生产性服务业。加快培育一批具有国际竞争力的本地跨国企业和知名服务品牌，构建国际化高端专业服务体系。延展科技创新服务链，支持技术转移服务机构形成独特服务模式和特色服务产品。加快推进国家级要素市场上海技术交易所建设，探索便利化、高效率的跨境技术交易体系。加强知识产权信息服务和国际运营。提升专业服务发展能级，大力发展法律、财会、咨询、广告、检验检测、人力资源等专业服务，加快推动职业资格互认试点，开放第三方检验检测认证服务，办好陆家嘴法治论坛、外滩金融法律论坛、

上海国际广告节

陆家嘴法治论坛

上海国际广告节等活动，大力推进"全球服务商计划"，鼓励形成与国际接轨的服务业标准体系。优化供应链管理，强化供应链标准建设，促进智慧供应链基础网络搭建。加快发展嵌入式物流、仓配一体化物流、第四方综合物流等现代物流服务，完善即时递送服务管理方式，打造具有全球辐射能级的国家物流枢纽，基本建成上海邮政快递国际枢纽中心。推动发展服务型制造，促进制造企业向提供基于产品的服务转变，鼓励工程咨询、智能产品服务、创新设计、总集成总承包、信息增值等服务型制造业态加快发展。打造国际国内原创设计的首发地、优秀设计的产业转化高地，开展设计创新中心、设计引领示范企业创建，扩大"上海设计 100+"影响力，加快推进世界一流"设计之都"建设。

5.3.2 推动生活性服务业向高品质和多样化升级。繁荣市场主体，鼓励发展养老、家政、教育培训等服务，以高质量供给带动高品质需求，更好满足人民群众对幸福生活的美好向往。创新和扩大养老产品服务供给，全面提升适老和养老产品设备的智能化水平，促进优质康复辅具等老年适用产品在社区、医疗机构和养老机构率先使用和推广。构建多层次家政服务供给体系，发展家政服务、社区服务、病患陪护等综合性家庭服务，加强家政服务技能培训，构建行业信用监管体系，完善地方标准，推进家政产业化发展。做强做优职业培训、继续教育等服务，引导教育服务规范创新。

5.4 强化促进产业发展的服务保障体系

积极把握产业技术创新、模式创新、组织创新的新趋势、新需求，坚持市场配置与政府引导相结合、自主可控与开放合作相结合、产业扶持与企业培育相结合，夯实产业链发展基础，强化标准引领、质量提升、品牌培育，完善市场化要素配置，创新行业监管方式，为各类市场主体发展创造更大空间。

5.4.1 提升产业基础能力和产业链现代化水平。深入实施产业基础再造工程，聚焦“五基”领域持续推进工业强基，加快产业链供应链锻长板、补短板。推动供应链多元化，加大关键备件储备，优化关键物资生产能力布局，加强国际产业安全合作，推动全球创新成果在本地孵化转化和应用。支持国产替代加大应用，集聚更多产业链供应链骨干企业，着重培育一批细分领域龙头企业、“隐形冠军”，探索建立适用不同产业链特色的政策供给机制。

“五基”领域

是指基础零部件/元器件、基础工业软件、基础材料、基础制造工艺和装备、产业标准与基础技术检验检测系统。

5.4.2 构筑质量强市品牌高地。实施品牌发展战略，大力宣传知名自主品牌，强化标准引领、法治保障、品牌诚信和资金支持，将“四大品牌”塑造成为响亮恒久的金字招牌和驰名中外的城市名片。积极扩大“上海品牌”认证影响力，形成以品牌发展增创质量优势的长效机制和良好环境。实施一批重点领域质量提升工程，强化中小企业质量提升精准帮扶。加快重点产业标准体系建设，推动高水平科技成果转化为共性技术标准。全面提升“上海标准”国际化水平，促进质量基础共性技术能力和检验检测认证数据结果国际互认，参与国际技术标准规则制定。

上 海 标 准
SHANGHAI STANDARD

“上海标准”

“上海标准”标识制度是《上海市标准化条例》的创设性规定，本市制定的地方标准、团体标准、企业标准，经自愿申请和第三方机构评价，符合国内领先、国际先进要求的，可以在标准文本上使用“上海标准”专用标志。“上海标准”标识制度实施的目标是打造高标准品牌、形成高标准集群。

5.4.3 强化要素资源供给和服务保障。建设高品质园区载体，实施特色产业园区培育工程，布局一批高能级专业化特色园区，推进一批重点园区整体转型升级。深化区区合作机制，推动园区共建、产业共育、利益共享，促进产业链、创新链、生态链融通发展。创新产业用地政策，合理确定容积率和建筑高度，开展复合功能用地、节余分割等政策创新和试点，推动不同产业用地类型合理转换。优化环保评审准入制度，深化重点产业区域环评改革。加强金融人才支持，强化产融合作，加大产业基金支持力度，积极吸引社会资本参与，发挥政策性融资担保基金、纾困基金作用，支持发展民营企业债券融资工具。大力发扬企业家精神和工匠精神，集聚造就一大批创新开拓的企业家人才队伍，面向一线引进培育工程服务人才和专业技能人才，持续推进产业工人队伍建设，重振“上海师傅”品牌。强化招商引资统筹机制，按照企业跨区迁移机制，支持企业有序流动，用好重大项目首谈报备、招商信息流转等举措，引导全市范围招商引资良性竞争，形成市区街镇共促产业发展的合力。切实当好服务各类企业的“店小二”，更加注重向企业提供“软服务”。

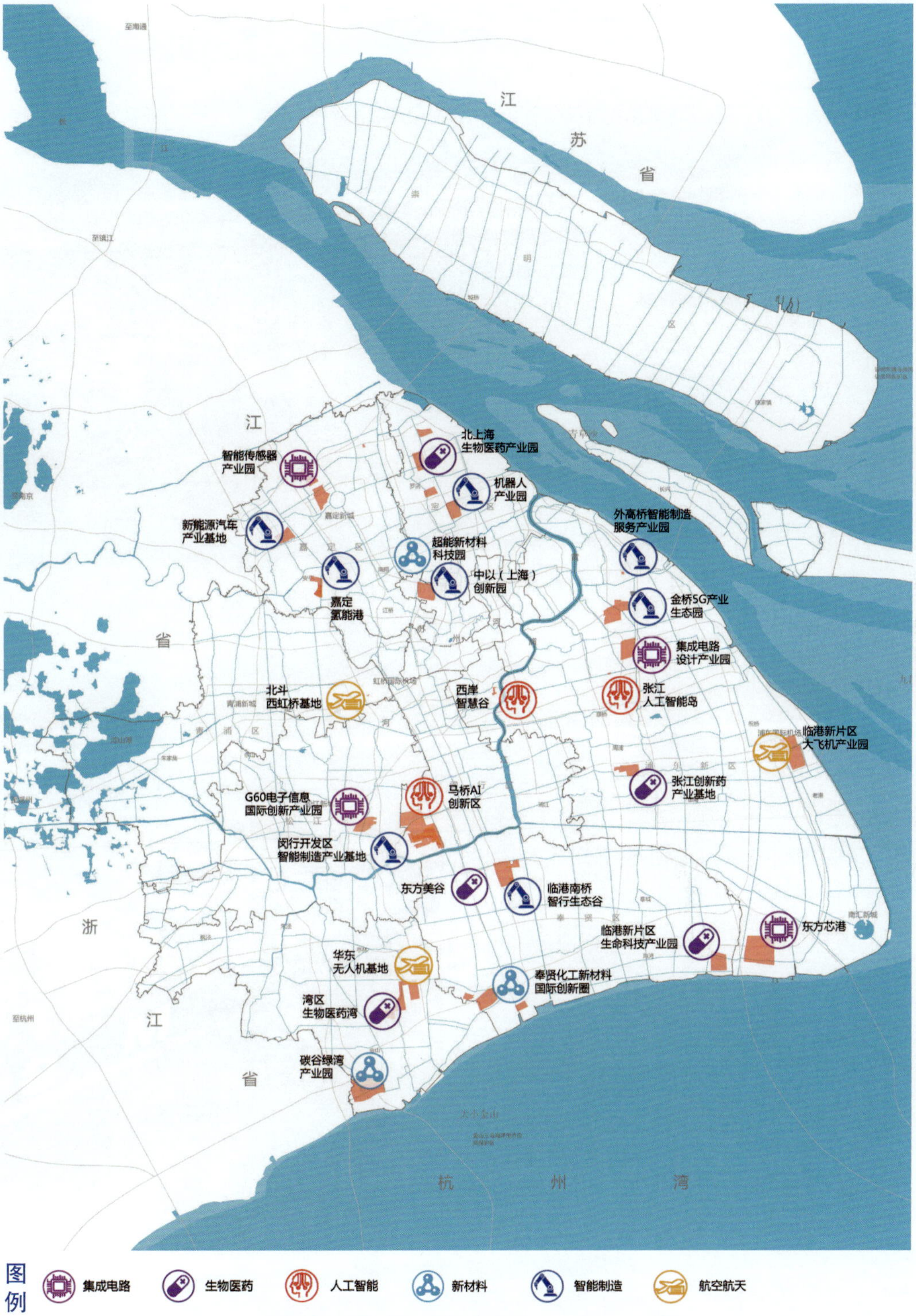

“十四五”上海特色产业园区布局（首批）

MSC
MSC

6. 强化开放枢纽门户功能，增创国际合作和竞争新优势

Ⅵ. Strengthening the functions of open hub portals and creating new advantages in international cooperation and competition

围绕更好促进国内国际两个市场、两种资源联动流通，统筹重点突破与系统集成相结合、对内开放与对外开放相促进，着力强化开放窗口、枢纽节点、门户联通功能，着力推动规则、规制、管理、标准等制度型开放，率先基本形成更高水平开放型经济新体制。

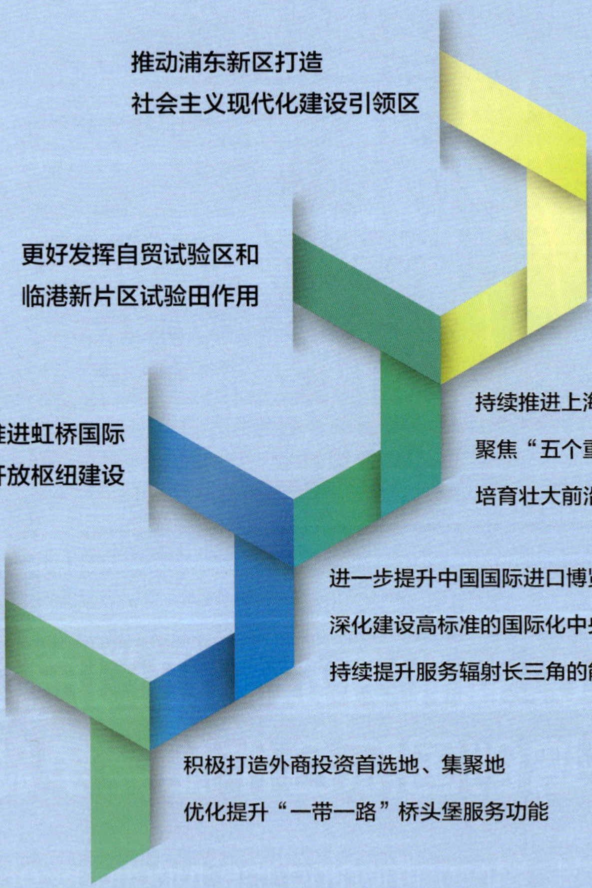

推动浦东新区打造社会主义现代化建设引领区

更好发挥自贸试验区和临港新片区试验田作用

持续推进上海自贸试验区改革创新

聚焦“五个重要”深化临港新片区制度创新

培育壮大前沿产业集群和新兴业态

推进虹桥国际开放枢纽建设

进一步提升中国国际进口博览会全球影响力

深化建设高标准的国际化中央商务区

持续提升服务辐射长三角的能力

推动高质量引进来和高水平走出去

积极打造外商投资首选地、集聚地

优化提升“一带一路”桥头堡服务功能

6.1 推动浦东新区打造社会主义现代化建设引领区

全面落实党中央《关于支持浦东新区高水平改革开放、打造社会主义现代化建设引领区的意见》，支持浦东新区先行先试、积极探索、创造经验，努力成为更高水平改革开放的开路先锋、全面建设社会主义现代化国家的排头兵、彰显“四个自信”的实践范例。全力做强创新引擎，充分发挥张江核心功能区和临港主体承载区在上海科创中心建设中的作用，不断完善战略科技力量体系，持续提升中国芯、创新药、智能造、蓝天梦、未来车、数据港等硬核产业集群竞争力，打造自主创新新高地。加强改革系统集成，大力开展综合性改革试点，聚焦重点行业领域深化系统性改革，在市场准入、投资建设、要素流动、产业创新等领域加大改革力度，加强重大制度创新充分联动和衔接配套，打造浦东综合配套改革升级版。深入推进“一业一证”改革，率先建立行业综合许可和综合监管制度。率先推进高水平制度型开放，加大现代服务业和先进制造业对外开放力度，率先实行更加开放便利的人才引进政策，建立国际高水平的知识产权保护制度。发展更高能级的总部经济，引进培育具有国际供应链掌控能力的全球生产销售组织者。着力提高数字化治理水平，支持浦东新区推进治理平台整合融合，构建全领域、全要素、全闭环智能治理平台，加快推动基本公共服务从均衡化向优质化提升，率先构建经济治理、社会治理、城市治理统筹推进和有机衔接的智慧治理体系。争取在浦东新区根据授权对法律、法规、规章作变通性规定，加大市级经济管理专项权限下放力度，授予和落实浦东更大改革发展自主权。

一业一证

是指把一个行业准入涉及的多个审批事项整合于一张“行业综合许可证”上。

2020 年 11 月“浦东开发开放 30 周年”大型立体景观（世博源庆典广场）

6.2 更好发挥自贸试验区和临港新片区试验田作用

对标最高标准、最好水平，积极把握 RCEP 签署等带来的机遇，深化构建与国际通行规则相衔接的制度体系，加快建设更具国际市场影响力和竞争力的特殊经济功能区，在若干重点领域率先实现突破，更好发挥构建更高水平开放型经济新体制的试验田作用，成为深度融入经济全球化的重要载体。

6.2.1 持续推进上海自贸试验区改革创新。对标国际公认的竞争力最强的自由贸易园区，聚焦强化“四大功能”持续深化差别化探索，建设投资贸易自由、规则开放透明、监管公平高效、营商环境优越的国际一流自由贸易园区。研究建立自贸协定综合利用服务促进平台，为企业充分利用各类自贸协定提供一站式服务。在电信、教育、医疗、文化等领域加大开放力度，争取在货物贸易、服务贸易、金融、知识产权、环境保护等领域进一步加大风险压力测试，率先优化原产地规则，促进再制造等新业态发展，优化完善“一带一路”多层次跨境服务平台。做强新型国际贸易、国际航运枢纽等功能，提升自贸试验区全球服务辐射能力。瞄准价值链高端领域、产业链核心环节推动产业高质量发展，创新海关监管模式，推动企业研发用生物制品等特殊物品的通关便利化，探索建立集成电路全产业链保税模式。进一步吸引集聚全球优秀人才，高标准建设知识产权保护高地，加快形成全球化、高能级的创新创业生态圈。

6.2.2 聚焦“五个重要”深化临港新片区制度创新。在风险可控前提下大胆闯、大胆试、自主改，努力实现投资自由、贸易自由、资金自由、运输自由、人员从业自由、数据跨境流动安全有序，持续释放制度创新集成效应。建立以安全监管为主、体现更高水平贸易自由化便利化的货物贸易监管制度。全面落实外商投资国民待遇，建立各类市场主体公平竞争的投资经营制度。实施高度开放的国际运输管理，在沿海捎带、国际船舶登记、国际航权开放、国际中转集拼等方面加强探索和政策落地。对外籍高层次人才引进实施更加便利的出入境和停居留政策措施，加快实施境外人才个人所得税税负差额补贴政策。探索建立跨境数据流动监管制度，推动区内生产制造、航运物流、金融贸易等经济数据跨境流通试点。优化更大开放条件下的风险管理制度，建立完善检疫、原产地、知识产权、国际公约、跨境资金等特殊领域的风险精准监测机制，加强全面风险防范和信用分级管理。

> **五个重要**
>
> 是指聚焦海内外人才开展国际创新协同的重要基地、统筹发展在岸业务和离岸业务的重要枢纽、企业走出去发展壮大的重要跳板、更好利用两个市场两种资源的重要通道、参与国际经济治理的重要试验田。

6.2.3 培育壮大前沿产业集群和新兴业态。聚焦集成电路全产业链环节关键核心技术突破，建设国家级集成电路综合产业基地。聚焦生物医药研发制造和医药、医疗服务，打造精准医疗先行示范区。发展开源创新赋能的人工智能产业，加快人工智能核心基础技术创新，建设人工智能创新及应用示范区。构建集设计、研发、制造、应用、服务于一体的民用航空产业体系，打造具有国际竞争力、影响力的民用航空产业集群。完善智能新能源汽车产业布局，打造跨界融合的产业生态体系，创新智能网联汽车无人驾驶制度保障，开展无人驾驶路测试点。瞄准尖端硬核的装备制造业，集中攻克一批智能制造共性技术，建设世界级智能制造中心。深化建设高水平的洋山特殊综合保税区，全面完成洋山特殊综合保税区封关验收，加快推进扩区工作。做大做强国际物流、中转集拼、大宗商品等优势业态，拓展保税研发、保税制造、保税维修等新业态，研究推进加工制造、研发设计、物流分拨、检测维修等专项政策在特殊综合保税区制度环境下的集成和创新。探索实施洋山特殊综保区"主分区"制度，促进区内区外产业联动发展。

"主分区"制度

"主区"是指洋山特殊综合保税区物理围网区域；"分区"是指新片区内、主区外重点企业。通过实施"主分区"制度，让围网外重点产业重点企业享受洋山特殊综合保税区政策，精准施策、靶向监管。

6.3 推进虹桥国际开放枢纽建设

充分发挥虹桥地区引领长三角更高水平协同开放的作用，全面增强国际化中央商务区和国际贸易中心新平台核心功能，强化与北向拓展带、南向拓展带联动发展，到 2025 年基本建成虹桥国际开放枢纽。

6.3.1 进一步提升中国国际进口博览会全球影响力。提升国际采购交易平台能级，做精做优做强"6+365"常年展示交易平台，提升虹桥进口商品展示交易中心功能，增加境外专业采购商规模。提升贸易投资促进平台功能，拓展海内外网络资源，创新开展投资促进、宣传推介、重大项目落地服务，推动展品变商品、展商变投资商。持续优化和复制推广服务进博会的贸易投资便利化措施，深化完善展品通关监管、资金结算、投资便利、人员出入境等创新政策并形成制度化安排。提升虹桥国际经济论坛影响力。加快集聚高能级办展主体，打造若干具有国际影响力的本土会展业企业，培育一批品牌展会项目，完善国际化城市会展促进体系，推动会展业"线上线下"融合发展，全面建成国际会展之都。继续办好中国国际工业博览会、中国（上海）国际技术进出口交易会、中国自主品牌日系列活动等重大会展论坛活动。

6.3.2 深化建设高标准的国际化中央商务区。建设富有特色的现代服务业集聚区，吸引会计、法律、咨询等专业服务机构入驻。依托虹桥临空经济示范区发展航空服务业及配套产业，鼓励发展飞机整机、航空发动机等融资租赁业务，积极发展飞机全周期维护、航空资源交易、航空培训等高附加值业务，开展航空服务业重点企业特殊监管创新试点。创设虹桥国际商务人才港，开展国际人才管理改革试点，为境外高层次专业服务人才来华执业及学术交流合作提供签证、居留、永久居留便利。深化建设虹桥数字贸易跨境服务集聚区。

6.3.3 持续提升服务辐射长三角的能力。加强与苏州、嘉兴等地区的联动发展，促进生物医药、应用性研发等领域产学研融合发展。建设长三角区域城市展示中心暨长三角商会企业总部园，共同打造长三角各城市“虹桥国际会客厅”，加快集聚长三角企业总部和功能性机构。

6.4 推动高质量引进来和高水平走出去

聚焦提升“引进来”的吸引力和“走出去”的竞争力，以高水平对外开放吸引全球资本、以优质服务支持国内企业开拓国际市场，加快打造亚太投资门户，使上海成为境外企业进入国内市场的前沿阵地和中国企业“走出去”的关键跳板。

6.4.1 积极打造外商投资首选地、集聚地。全面实行准入前国民待遇加负面清单管理制度，深化落实《外商投资法》相关法律法规，对负面清单之外领域项目按照内外资一致原则管理。依法保障内外资企业平等享受政策、使用资源要素、公平参与竞争，保障外商投资企业依法平等参与政府采购、招标投标、土地出让、产权交易等活动。保护外商投资合法权益，加大对外国投资者和外商投资企业知识产权、商业秘密保护力度。完善外商投资企业投诉处理机制，建立国际化、多元化的投资争议解决机制。以推进重大外资项目为示范引领，吸引产业链上下游配套企业集聚，引导外资更多投向高技术、高附加值产业。健全高标准的投资促进体系，实施投资便利化自由化政策，促进外商投资稳存量、扩增量，支持存量企业再投资，鼓励外

国投资者以境内分配利润再投资、外资企业以自有资金扩大投资。提升开放监管能力和风险防范能力。

6.4.2 优化提升“一带一路”桥头堡服务功能。坚持政府引导、企业主体，遵循市场规则和国际原则，立足国家所需和上海优势，统筹推进“硬联通、软联通”建设，服务企业“走得出、留得下、发展好”。推动政策沟通，用好上海市市长国际企业家咨询会议等开放合作平台，宣传解读对外开放政策。提升标准联通水平，引导企业加强与国际接轨的产品和服务质量标准体系建设。推动设施联通，加快推进国际空港、海港与“一带一路”相关国家互联互通。促进贸易畅通，深化双向经贸投资合作，鼓励与在沪外资企业开展第三方市场合作，支持工程承包企业以多元方式承接海外项目，全面带动装备、技术、标准和服务出口。推动资金融通，建设“一带一路”投融资中心，为企业“走出去”提供综合性跨境金融支持，支持新开发银行与“一带一路”沿线国家和地区加大投融资领域的战略合作。促进民心相通，深化人文交流和友城合作，提升“一带一路”电影节联盟、丝绸之路国际艺术节联盟等合作机制影响力，加强教育、文化、旅游、卫生、科技、智库合作与交流。深化沪仰地方合作、沪新全面合作，优化城市间合作机制。完善服务保障机制，构建面向全球的投资促进网络和服务体系，支持在沪国际性商协会拓展对外交往渠道、完善国际合作机制，鼓励具备条件的商协会在海外设立分支机构和区域性委员会。完善风险防范和海外权益保护机制，强化企业海外合规经营意识和风险防范主体责任，加强境外安全风险评估、预警预防和突发事件处置能力建设。

7. 弘扬城市精神和城市品格，提升国际文化大都市软实力

Ⅶ. Carrying forward city spirit and character, and enhancing the soft power of an international cultural metropolitan

HSBC
MIRAE ASSET
震旦

坚持中国特色社会主义文化发展道路，围绕举旗帜、聚民心、育新人、兴文化、展形象的使命任务，持续打响“上海文化”品牌，繁荣发展文化事业产业，升级完善公共文化服务体系，深化建设更加开放包容、更富创新活力、更显人文关怀、更具时代魅力、更具世界影响力的社会主义国际文化大都市。

繁荣发展社会主义先进文化

发扬传承红色文化

全面提升城市文明程度

优化文化艺术作品原创生态

推进公共文化服务高质量发展

深入推进文化体育惠民

优化公共文化体育设施布局

构筑异彩纷呈的城市文化空间

实施文化赋能城市空间计划

焕发历史文化新风貌

扩大上海文化品牌影响力

全方位提升城市整体形象

积极建设全球标杆性文化体育类活动品牌

提升文化旅游体育产业能级

加快建设国际文化创意产业中心

深化世界著名旅游城市建设

全面推动全球著名体育城市建设

7.1 繁荣发展社会主义先进文化

坚定文化自信，丰富海纳百川、追求卓越、开明睿智、大气谦和的城市精神内涵，将开放、创新、包容的城市品格融入社会生活各方面，大力传播和弘扬红色文化、海派文化和江南文化。

7.1.1 发扬传承红色文化。以中国共产党成立100周年为契机，深入实施“党的诞生地”发掘宣传工程、红色文化传承弘扬工程和革命文物保护利用工程，建成中国共产党第一次全国代表大会纪念馆。推动红色题材文艺作品和出版物创作生产，建设党性教育现场教学基地、形成红色文化宣教品牌、发展红色文化旅游。深化长三角红色旅游区域合作，提升上海红色文化的标识性和知名度。

7.1.2 全面提升城市文明程度。全面培养和践行社会主义核心价值观，加快构建中国特色哲学社会科学体系。推动新时代爱国主义教育和公民道德建设，持续开展中国特色社会主义和中国梦宣传教育，深化新时代文明实践中心建设。大力弘扬和宣传工匠精神、科学精神、法治精神和世博精神等，广泛开展志愿服务行动，凝聚向上、向善、向美力量。

7.1.3 优化文化艺术作品原创生态。深化推进国有文艺院团机制改革，激发重点院校文化艺术创新创造活力，推广“上海原创”文化精品。加大扶持中小微文化艺术企业或团体力度，建立健全科学合理的文化产品评价体系。全面加强国内外优秀创新型青年文化艺术人才引育力度，优化文化艺术教育、经纪管理等专业人才建设机制，集聚更多文化名家和艺术大师。建立原创文化微补助机制，助力“草根文化”发展。打造灵动、交互的艺术家工作室、创意园区与社区，营造有利于各类艺术家发展的创作生活环境。

1. 中共一大会址内景
2. 舞剧《朱鹮》

7.2 推进公共文化服务高质量发展

优化完善立体均衡的公共文化体育设施布局，促进公共文化产品更丰富、配送更精准，提升文化惠民的供给水平和服务效能。

7.2.1 深入推进文化体育惠民。实施基础文化设施更新与提升计划，鼓励建设综合性文化体育类设施，完善基层公共文化服务网络，共同建好家门口的文化客厅和休闲运动好去处。创新各级公共文化体育配送内容与模式，提升供需对接的全方位、精准化服务，大力支持各类社会资本、社会组织参与文体设施建设、经营文体活动，提升服务水平和供给效能。引导文化企业把社会效益放在首位，建立国有院团的公益演出服务考核评价机制，大力增加各类演出活动的公益场次，扩大面向各类人群的公益文化服务供给。因地制宜增加市民身边的体育设施，到 2025 年人均体育场地面积达到 2.6 平方米左右。

7.2.2 优化公共文化体育设施布局。坚持功能错位、优势互补，加快推进“东西延伸、南北推进”的重大文化设施布局。建成上海图书馆东馆、上海博物馆东馆、上海大歌剧院、上海市少儿图书馆新馆、中国近现代新闻出版博物馆、上海天文馆、上海越剧传习所，推进上海文学馆、上海马戏城中剧场等一批重大文化设施建设。启动长江口二号古船博物馆建设，加强青龙镇遗址考古。建设乐高主题乐园、冰雪

1 | 2
3 | 4

1. 上海图书馆东馆
2. 上海博物馆东馆
3. 徐家汇体育公园
4. 浦东足球场

之星等旅游项目。加快体育场馆建设，建成徐家汇体育公园、市民体育公园、浦东足球场、上海自行车馆、久事国际马术中心。研究推动沪西工人文化宫等部分存量文化体育设施的更新和能级提升。

7.3 构筑异彩纷呈的城市文化空间

推动文化元素为各类城市空间赋能，凸显文化地标独特魅力，激活公共空间文化活力，提升历史文化风貌新体验。

7.3.1 实施文化赋能城市空间计划。以沿江岸线地区为重点，推进黄浦江文化创新带建设，注重提升独特文化优势，着力增强城市文化地标的辨识度。优化长三角一体化示范区和临港新片区文化设施布局，拓展延伸从淀山湖到滴水湖的城市东西文化轴。支持对公共空间实施文化“微更新”改造，在沿江沿河、社区园区商圈和绿地公园广场等，植入丰富多彩的文化艺术和休闲运动元素，打造一批公共文化运动新空间、“打卡地”。积极创造条件，向公众开放机关、学校、企业事业单位的文化体育设施，鼓励博物馆、美术馆、体育馆等公共文化体育设施提供夜间服务，探索设立市民广泛参与的艺术节和音乐体育比赛，营造充满活力的城市氛围。

7.3.2 焕发历史文化新风貌。围绕重现风貌、重塑功能，推进风貌保护分类评估甄别，形成多方参与、多方负责、多方受益的保护传承和活化利用机制。加强历史文化建筑保护和利用，推进向公众全面开放，开发更具历史、文化和科技元素的特色文创产品和旅游线路，全面提升“街区可漫步”“建筑可阅读”的服务水平。完善工业遗存盘活开发利用机制，推动符合条件的工业厂房为文化创意、文化艺术提供发展空间。加强非物质文化遗产生产性保护和活态传承，深入推进“非遗在社区”“非遗进校园”，鼓励社会力量和专业机构建立非遗传习所和传习点，支持一批文化特色鲜明的非遗品牌做精做强。

武康大楼

7.4 扩大上海文化品牌影响力

发挥各类文化平台的集聚辐射效应，全方位塑造“魅力上海”城市形象，提升上海文化品牌的国际传播力、影响力，力争成为全球标杆性文化节庆赛事等活动的重要地标。

7.4.1 全方位提升城市整体形象。整合全媒体渠道，做强本土媒体传播能力，创新传播方式，以上海实践讲好中国故事。加强人民外宣建设，构建针对性强、富有成效的上海国际传播工作机制。面向国内外全方位开展“魅力上海”城市形象立体传播推广，实施旅游宣传推广计划。加快推进媒体深度融合发展，建好上海外宣媒体矩阵，建强主流媒体海外网络传播阵地，加强聚合传播力度，提升上海国际传播能级，彰显上海国际城市形象和美誉度。

7.4.2 积极建设全球标杆性文化体育类活动品牌。放大顶级节展赛事活动效应，更好向世界传递“上海声音”、塑造“上海形象”。持续办好上海国际电影节、上海电视节、中国上海国际艺术节、“上海之春”国际音乐节、中国国际数码互动娱乐展览会（ChinaJoy）等重大文化节庆活动，鼓励增设具有国际影响力的原创艺术赛事品牌，提升节庆内涵品质。办好世界赛艇锦标赛、国际足联世俱杯、亚足联亚洲杯以及 F1 中国大奖赛、上海 ATP1000 网球大师赛等重大国际体育赛事，进一步提升“上海马拉松”等本土赛事品牌知名度。

上海国际赛车场

上海国际马拉松赛

7.5 提升文化旅游体育产业能级

聚焦文化创意产业重点领域，深入推进“两中心、两之都、两高地、两座城”载体建设，推动文化、旅游、体育产业提质增效、创新融合，实施文化创意产业数字化战略，加快发展新型文化企业、文化业态、文化消费模式。

7.5.1 加快建设国际文化创意产业中心。围绕关键技术构建数字化影视文化产业链，依托影视产业园区和重要节展，推进建设全球影视创制中心。持续办好“上海国际艺术品交易月”等品牌活动，助力上海建成千亿级规模艺术品交易市场，大力建设国际重要艺术品交易中心。扩大“演艺大世界”“演艺新空间”的产业集聚和辐射效应，建设演绎国内外一流作品的“名作首演地”文化地标，加快引育形成驻演和独演品牌，打造亚洲演艺之都。依托电竞资源集聚优势，大力吸引具有全球影响力的电竞顶级赛事落沪，加快品牌建设和衍生品市场开发，建设电竞产业完整生态圈，力争在电竞领域形成世界级影响力，全力打造全球电竞之都。聚焦“网生内容”整合产业链，鼓励原创精品创作生产，扶持培养一批新兴数字文化优势领军企业，着力建设网络文化产业高地。依托具有业界影响力的比赛和节展，在现代设计领域集聚顶尖资源，构建多元共赢的创意设计生态圈，深化建设创意设计产业高地。推动“文化 +”产业深度融合，培育一批有竞争力的创新型文化创意领军企业和“小巨人”企业。

7.5.2 深化世界著名旅游城市建设。大力发展大众旅游、全域旅游，建设一批富有文化底蕴的世界级旅游景区和度假区。提升国际旅游度假区、佘山国家旅游度假区、淀山湖旅游度假区、东平森林旅游度假区功能，推进金山滨海、宝山邮轮、环滴水湖等一批旅游度假区建设。围绕“一江一河”布局整合文旅资源，建设浦江旅游品牌和苏州河文化休闲带。开发水乡特色旅游项目。实施“首展首秀”计划，推动建立一批具有地方特色和艺术优势的本地品牌演艺节目，提升都市时尚消费旅游体验和服务品质，创建一批文化、商业、旅游、体育等融于一体的国家级现代都市旅游休闲区。

一江一河

“一江”指黄浦江，“一河”指苏州河。按照建设世界级滨水区的总目标，黄浦江沿岸定位为国际大都市发展能级的集中展示区，苏州河沿岸定位为特大城市宜居生活的典型示范区。

7.5.3 全面推动全球著名体育城市建设。强化竞技体育科技支撑，促进职业体育发展。大力发展竞赛表演业，吸引国内外体育企业总部、行业协会、国际组织等落沪。充分挖掘时尚健身产业的消费潜力，加快发展健身休闲业，建设一批集体育健身和休闲娱乐等多元功能为一体的都市运动中心。推进体育装备、场馆等向智能化升级，支持在线健身、网络赛事等新业态发展。积极引导社会资本参与体育产业发展，优化健全各类俱乐部规范化专业化发展，着力培养一批国内领先、具有较强市场竞争力的体育企业。

8. 全面推动城市数字化转型，加快打造具有世界影响力的国际数字之都

Ⅷ. Comprehensively promoting the digital transformation of city and speed up the building of an international digital city with global influence

抢抓数字化发展先机，把数字牵引作为推动高质量发展的强劲动能，促进数字技术赋能提升“五个中心”建设，围绕经济数字化、生活数字化、治理数字化等重要领域率先突破，加快培育应用生态体系，推进场景再造、业务再造、管理再造、服务再造，持续推动城市数字化转型。

大力发展数字经济

- 助力新生代互联网龙头企业引领在线新经济发展
- 全面提升核心数字产业能级
- 加快产业数字化转型

营造智慧便利的数字生活

- 优化提升健康医疗服务智慧化水平
- 深化和推进数字赋能教育
- 增强科技支撑智慧养老能力
- 推动文化、旅游与数字科技深度融合

加快提高数字化治理水平

- 构建“一网通办”全方位服务体系
- 全面推进城市运行“一网统管”
- 深化多源数据汇聚共享

积极打造新型基础设施标杆

- 建设以5G为重点的新一代信息基础设施
- 加快城市智能化终端设施建设
- 拓展新型基础设施应用场景

8.1 大力发展数字经济

不断提高实体经济数字化水平，激活数据新要素，培育产业新动能，引领数字新消费，打造数字可信安全环境，推动数字经济向更深层次、更宽领域发展，数字经济核心产业增加值占全市生产总值比重持续提升。

8.1.1 助力新生代互联网龙头企业引领在线新经济发展。推动线上服务、线下体验深度融合，以流量平台激活实体商业，鼓励传统商贸企业向全渠道运营商、供应链服务商、新零售企业转型。支持电子竞技、网络视听、互联网内容社区等数字创意产业发展，鼓励构建原创性数字内容产业生态。着力营造开放包容、竞争充分、业态多样的在线新经济发展环境，持续支持一批拥有核心技术、优质内容、用户流量、商业模式的创新型头部企业发展壮大，促进形成上海新生代互联网企业重点区域集群。

共享制造

是指围绕生产制造各环节，运用共享理念将分散、闲置的生产资源集聚起来，弹性匹配、动态共享给需求方的新模式新业态。

8.1.2 全面提升核心数字产业能级。加速推进下一代信息通信技术突破，推动操作系统、数据库、中间件、工业软件、行业应用软件和信息安全软件等自主创新，做好软件基础技术、通用技术、前沿技术等研究，不断提升国产软件稳定度和成熟度，鼓励加大应用。推动软件产业向 SaaS（软件即服务）模式转型。积极布局区块链技术创新与应用示范。

工业知识图谱

是指工业领域中构建的知识图谱，主要包括两类：一类是已有设备信息、生产信息的数字化知识图谱，诸如将设备维护手册、故障应用案例、一线专家经验数字化，并构建相应的知识图谱；另一类是将设备信息、设备及数字化系统工作过程信息，甚至整个生产流程部分或全部数字化，并将其中不同垂直领域的数据关联起来，构建相应的知识图谱。

8.1.3 加快产业数字化转型。引导有基础、有条件的企业开展设备换芯、生产换线、机器换工为核心的智能化改造，发展基于互联网的网络协同研发、个性化定制设计、共享制造等新模式新应用。实施“工赋上海”三年行动计划，推动工业互联网向知识化、质量型和数字孪生升级，实现高质量工业数据集泽（Z）级突破，工业知识图谱重点领域基本覆盖。构建工业互联网标杆载体，鼓励龙头企业建设行业级和通用型工业互联网平台，支持平台企业向系统解决方案提供商转型。丰富各类产业集群、园区载体、特色小镇的数字化服务功能，引导中小企业“上云用数赋智”，共享产能、技术、数据、人才、市场等资源。大力培育数字开源社区，发展数字创新实践基地。

8.2 营造智慧便利的数字生活

适应社会生活数字化转型新需求，聚焦医疗、教育、养老、文化旅游等领域，全方位打造数字生活服务体系，推进公共服务更加优质普惠。

8.2.1 优化提升健康医疗服务智慧化水平。推进“互联网 +”医疗便民惠民服务，打造“社区卫生服务中心 + 互联网”，开展面向居民的家庭医生签约、健康管理等智能化服务。探索在社区引入医疗人工智能影像辅助诊断平台、全科医生辅助诊疗平台和远程会诊网络系统。推动互联网医院品牌化、特色化发展，鼓励医院利用信息技术拓展服务形式和内容，完善以患者为中心、全流程闭环的智能化医疗服务模式，改善就医体验。加快健康大数据、医疗人工智能应用，依托健康云平台，实现健康数据汇聚和融合，完善居民健康账户，实现智慧健康驿站街镇全覆盖。

8.2.2 深化和推进数字赋能教育。推进数字学校建设，优化学校信息化基础环境，以数据驱动提升教育治理能力。促进优质数字教育资源共建和开放共享，推动教育实现更高层次均衡发展。发展线上线下融合教学，建立以学生为中心的智慧学习平台。以人工智能等技术推动学习主题数据库和学科知识图谱构建，推进数据赋能的精准教学、因材施教。以虚拟现实等技术开展实景式、沉浸式教学，加快智慧教学课堂改造，促进复杂教学内容的可视化，激发学习兴趣和提升教学效果。提升师生信息素养和信息技术应用能力，开展全民开放式数字终身教育。

8.2.3 增强科技支撑智慧养老能力。布设互联感知的智慧养老设施，开发与所有传感器、智能设备、医疗设备对接的云边协同的智联网养老系统。制订完善智慧养老相关产品和服务标准，开展家庭、社区服务中心、养老机构等多种应用场景试点，支持发展社区居家“虚拟养老院”，培育一批智慧养老应用示范基地、示范社区和示范品牌。完善日常生活中传统服务方式的兜底保障。鼓励企业开发集信息系统、专业服务、智慧养老产品于一体的综合服务平台，促进老年人共享便利智能的数字生活。

8.2.4 推动文化、旅游与数字科技深度融合。推进文化设施数字化更新，实施基层公共文化设施“更新计划”，不断提升公共文化服务智慧化水平，提高数字公共文化产品和服务品质，拓展公共文化服务应用场景。加快文化大数据体系建设，建立数据标准，实现文化大数据产业在社会各领域融合发展。培育在线旅游新动能，完善智能化设备部署，运用数字技术发展全景旅游、智能导游等虚拟现实交互旅游场景，“升维”旅游体验，提升市民游客参与旅游的便捷度。

“两个集中”和“综合窗口”改革

“两个集中”改革是指个人事项向街镇社区事务受理服务中心集中，企业事项向区行政服务中心集中。

“综合窗口”改革是指任一窗口均可无差别受理进驻政务服务中心的所有政务服务事项，或受理同一领域不同部门、不同条线的政务服务事项。

超级智能政务服务窗口

是指在线下窗口服务中引入人工智能技术作为支撑，在窗口人员与服务对象的第一次接触中，根据服务对象提供的相关信息即可自动形成标准、完整、准确的申报材料，并在后台借助人工智能进行辅助审批。

云、数、网、端、安

是指“一网统管”城市运行系统基础设施，即电子政务云、城运主体数据库、电子政务外网、政务微信等移动端应用和网络安全技术系统。

8.3 加快提高数字化治理水平

以政务服务“一网通办”、城市运行“一网统管”为牵引，率先打造数据驱动、科学决策的“数治”新范式，提升全覆盖、全过程、全天候城市治理能力。

8.3.1 构建“一网通办”全方位服务体系。以服务对象为本位，持续推动业务流程革命性再造，稳步提升政务服务在线办理率、全程网办率和一次办成率，更好推动“高效办成一件事”。深化以场景应用为驱动的服务供给，全面拓展“一网通办”服务领域，实现与企业群众生产生活密切相关的服务全部接入。提升“一网通办”能级，实现 24 小时实时在线服务。做优做强“随申办”应用，拓展“随申码”应用场景，逐步取代实体卡等传统管理服务手段，努力打造“不带证城市”。推进线上线下标准一致、渠道互补，完善线下服务方式，充分保障运用智能技术困难人群办事需求，逐步消除“数字鸿沟”。深入实施“两个集中”和“综合窗口”改革，推进线下“超级智能政务服务窗口”建设，切实提升企业群众办事便利度。

8.3.2 全面推进城市运行“一网统管”。着眼“高效处置一件事”，坚持“应用为要、管用为王”，以城运平台体系、技术支撑体系为抓手，聚焦“观”“管”“防”，提升城市大脑感知、认知和行动三大能力，实现“一屏观全域，一网管全城”。按照“三级平台、五级应用”架构，市、区、街镇加快构建并完善城运中心和信息平台，加强“云、数、网、端、安”基础设施建设，打造具有态势全面感知、趋势智能预判、资源统筹调度、行动人机协同等功能的综合平台体系。强化市级平台总体设计和集成保障功能，推动系统整合和数据汇集治理，实现城市治理要素、对象、过程全息全景呈现，为前瞻决策和应急指挥提供支撑。强化区级平台联通上下、协调左右的枢纽功能，整合相关部门的信息资源和执法力量，加大个性化应用开发推广力度。强化街镇平台全天候综合响应实战能力，加快实现城运网格、警务网格、综治网格的“多格合一”，完善联动指挥、联勤巡防、联合执法机制，推动数字化管理手段向社区、居村延伸。纵向贯通市、区、街镇三级城运平台，形成信息共享、相互推送、快速反应、联勤联动的指挥处置机制，实现城市治理各类事项集成、协同和闭环管理。构建操作便捷、功能强大的智能化应用体系，形成“一门户、多系统”

的应用场景开发格局。围绕安全生产、消防、民防等领域，前移风险管理端口，强化全环节排查风险、全周期安全监管和智能化综合指挥功能。加强城市生态环保数据的实时获取、分析和研判，提升生态资源数字化管控能力。健全智慧气象保障体系，提高监测、预报精准性。升级拓展经济运行、市场监管等管理事项的数字化解决方案。

8.3.3 深化多源数据汇聚共享。加大公共数据统一管理和应用力度，推动构建主体多元、权责清晰、标准完善的公共数据治理体系。制定完善重点领域公共数据专项标准，健全公共数据分层采集体系，依托大数据资源平台实现公共数据的实时归集和同步更新。持续推进自然人、法人、空间地理三大综合库以及各行业领域主题库建设，全面提高数据质量。拓展公共数据开放清单，深化普惠金融、交通出行、卫生健康等领域数据分级分类向企业等市场主体开放，进一步加强公共数据安全管控。建立数据资源产权、交易流通、跨境传输和安全保护等基础制度和标准规范，探索数据资源统一登记确权体系。加快培育数据要素市场，推动数据交易从敏感、低附加值的数据买卖模式向脱敏、高附加值的知识赋能模式转变，培育形成一批具有国际一流水平的行业大数据应用平台和开发应用市场主体，积极参与数字领域国际规则和标准制定。强化数据安全保障，加强数据资源在采集、存储、应用等环节的安全评估，建立面向企业的数据安全备案机制，加快形成数据市场安全风险预警机制，加强个人和企业信息隐私保护。

8.4 积极打造新型基础设施标杆

聚焦泛在、移动、高速、智敏特征，全面推进与人工智能、数字孪生等新技术相适应的新型基础设施系统建设和超前布局，以应用场景为牵引，推动新型基础设施赋能和支撑经济社会发展。

8.4.1 建设以 5G 为重点的新一代信息基础设施。全面推进 5G 独立组网建设，实现 5G 网络市域全覆盖，以工业互联网等行业应用为重点推动 5G 网络深度覆盖和行业专网建设。大幅提升“双千兆”宽带网络承载能力，向企业和市民提供随时可取的高速率、低时延网络服务，到 2025 年全市 5G 网络平均下载速率达到 500Mbps，固定宽带平均下载速率达到 120Mbps。推动卫星互联网建设，构建陆海空天一体化通信网络体系。构建全球信息通信枢纽，增加海缆登陆点和海缆登陆数量，扩容亚太互联网交换中心，持续提升省级互联网出口带宽。建设全球数据枢纽平台，在现有国际互联网转接业务基础上，加快实现境内外数据在上海交互和处理。统筹部署面向未来的智能计算设施，建设“E 级超算”硬件水平的高性能计算设施和大数据处理平台，持续优化互联网数据中心建设布局，推动数据中心绿色化、集约化发展，合理部署边缘计算，为城市数字化转型提供总量充足、结构均衡的算力支持。依托张江人工智能岛、徐汇滨江智慧谷、马桥人工智能创新发展试验区建设，打造超大规模人工智能计算与赋能平台。

8.4.2 加快城市智能化终端设施建设。构建神经元感知网络，实现城市公共安全、交通、生态环境、民生保障等重点领域信息规范采集和全量接入，提升空间和治理要素数字化水平。加快布设新型充电基础设施和智能电网设施，到 2025 年新建 20 万个充电桩、45 个出租车充电示范站，推进坚强智能电网、加氢站、智慧燃气体系建设。开展仓储、分拣、配送等一体化物流设施智能化改造和升级，建设智能储物柜、智慧微菜场、智慧回收站等末端设施。统筹推进综合杆塔等多功能公共设施集约建设和利用。

全球最大特斯拉超级充电站——上海静安国际

8.4.3 拓展新型基础设施应用场景。引导运营商、企业、研究机构等多主体合作开发 5G 应用，推动 5G 与智慧交通、智慧教育、智慧医疗、智慧农业等垂直领域深度融合，使上海成为全球 5G 应用最为活跃的地区之一。推进洋山港集疏运体系智能化升级改造，开展“5G+ 智能重卡”测试使用，推动港口数字化云服务平台建设。积极开展车联网和车路协同技术创新试点，稳妥提升车联网市场渗透率，持续推动嘉定、临港、奉贤、浦东金桥等区域智能汽车道路测试和开放测试道路建设。促进智能机器人在医疗、现代都市农业等领域推广应用。推进区块链、超高清视频、AR/VR 等技术与 5G 应用结合，在重点产业区实现率先推广应用。

9. 推动长三角更高质量一体化发展，服务全国发展大局

Ⅸ. Promoting the integrated development of the Yangtze River Delta with higher quality and serving the overall development of the country

坚持“一极三区一高地”战略定位，紧扣“一体化”和“高质量”两个关键，进一步发挥上海龙头带动作用，深化与苏浙皖分工合作，加快畅通区域经济循环，在率先形成新发展格局上探索有效路径、做好示范引领，在科技和产业创新上勇当开路先锋，在深化改革、扩大开放上加快攻坚突破，积极探索形成新发展格局的路径。

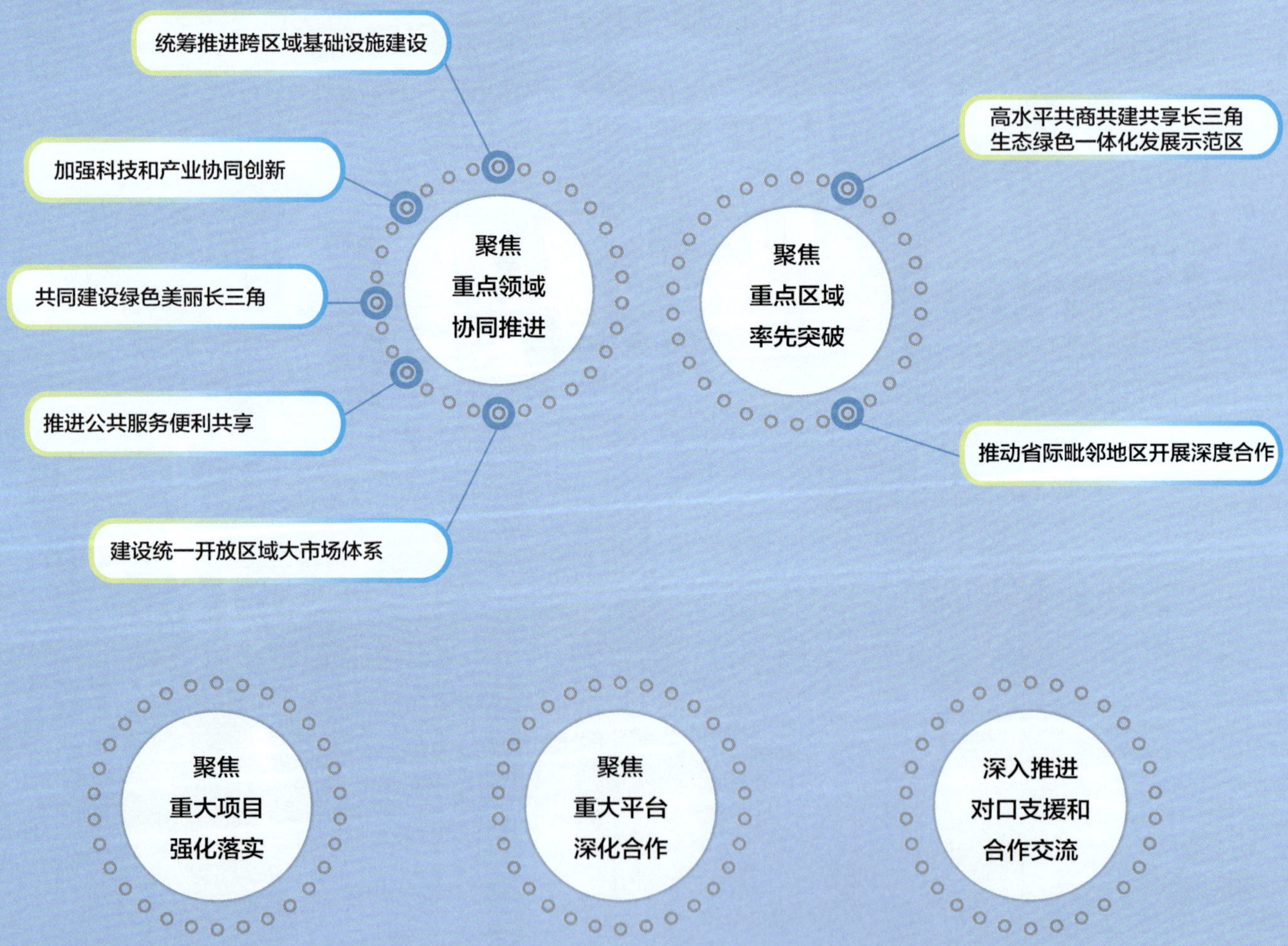

9.1 聚焦重点领域协同推进

创新合作方式，不断拓展重点领域合作深度和广度，充分发挥市场主体作用，力求取得新突破、新成效。

9.1.1 统筹推进跨区域基础设施建设。共建轨道上的长三角，加快建设多网融合、高效便捷的现代轨道交通运输体系，提升铁路货运能力。增强省际高速公路服务能力，推动严重拥堵国省干线公路改扩建，继续推进打通省界断头路，研究完善过江跨海通道。推动构建分工明确、功能齐全、联通顺畅、协同发展的长三角机场群。协同推进港航资源整合、优化港口布局，健全一体化发展机制，加快形成分工合理、相互协作的世界级港口群。共建数字长三角，加快5G通信网等新型基础设施建设，协同开展综合应用示范。提升能源设施建设和服务保障水平，进一步完善区域油气、电力等基础设施布局，提升区域能源互济互助能力。

9.1.2 加强科技和产业协同创新。加快构建区域创新共同体，高水平共建长三角国家技术创新中心等重大科技基础平台，推动重大科技基础设施集群化发展。围绕重点领域和关键环节，联合开展国家重大科技、关键核心技术攻关。聚焦电子信息、生物医药、航空航天等领域，强化优势产业协作，加快传统产业升级，推进工业设计赋能长三角制造，打造世界级制造业集群。协同开展长三角地区产业链补链固链强链行动，加快实施产业基础再造工程，打造自主可控、安全可靠的产业链和供应链，在更广区域实现创新链、产业链、资金链良性循环。支持跨省合作载体发展，鼓励品牌园区输出管理标准和品牌。

9.1.3 共同建设绿色美丽长三角。共护太浦河、长江口等重要饮用水水源生态安全，建立全流域水源保护预警机制。共抓长江大保护，夯实长江生态保护修复基础，深化完善协作机制，加强标准规范统一、信息互通共享、监管联动系统，持续抓好长江经济带生态环境突出问题整改，推进长江“十年禁渔”工作，共同守护好一江清水。推动重点跨界河湖联保。深入推进大气污染联防联控，打赢夏季挥发性有机物（VOCs）治理攻坚战，持续推进区域机动车、船舶、非道路移动机械等污染源联防联治。实施人工影响天气工作，保障区域大气环境。建立固废危废污染联防联治机制，推动固废危废区域安全转移处置合作，探索建立跨区域环境基础设施共建共享机制。强化生态环境一体化管理制度创新。

9.1.4 推进公共服务便利共享。推进实施统一的基本医疗保险政策，深化推进异地就医直接结算，探索长三角药品和医用耗材联合采购。探索以社会保障卡为载体建立居民服务“一卡通”。研究建立跨区域养老服务补贴等异地结算制度。深入推进跨区域政务服务“一网通办”，统一身份认证、打破数据壁垒、加强业务协同联动，推进高频服务事项跨省市通办和高频电子证照互认应用，打造“无证”长三角。鼓励跨区域教师交流合作，推动大学大院大所联手打造具有国际影响力的一流大学和一流学科。鼓励加强医疗合作，组建医联体，扩大优质医疗资源覆盖范围。协同建立长三角常态化管控和重大突发事件应急处置体系，建立完善应急协同机制，推动跨地区重大疫情和重大突发公共卫生事件、自然灾害和较大灾难联防联控和应急处置，完善应急物资协同保障。共同办好长三角国际应急减灾和救援博览会。办好长三角国际文化产业博览会，推进江南水乡古镇联合申报世界文化遗产，加强保护利用。建立长三角体育产业联盟，深化长三角全民健身、竞技体育、体育产业协作，共创区域性体育品牌项目。联合打造一批精品旅游线路和特色旅游产品，共建世界知名旅游目的地。

9.1.5 建设统一开放区域大市场体系。聚焦打造一体化市场体系，着力打破行政壁垒，推动各类要素在更大范围畅通流动。完善多层次资本市场体系，做强长三角资本市场服务基地，支持依法合规发起设立产业投资基金、股权投资基金。推动区域内公共资源交易平台互联共享，建设长三角产权交易共同市场。加快建设信用长三角，强化长三角公共信用信息共享，建立重点领域行业分级分类监管机制，打造一批区域性信用服务产业基地。推进更高水平协同开放，推动长三角自由贸易试验区联动发展。深化跨境贸易大数据平台和国际贸易“单一窗口”建设，加快长三角海关高质量一体化改革。推动市场监管一体化发展，统一市场准入规范，加强协同监管，完善跨区域执法协作联动机制。深化“满意消费长三角”行动。建立长三角标准化联合组织，推进“上海设计”等标准应用，推进计量技术规范共建互认，打造检测认证技术高地。

9.2 聚焦重点区域率先突破

以建设长三角生态绿色一体化发展示范区为先手棋和突破口，协同探索区域生态绿色一体化发展制度创新，全面深化重大改革系统集成和改革试点，经验共享共用，深化毗邻地区合作，推动上海大都市圈协同发展，促进更高水平区域分工协作。

9.2.1 高水平共商共建共享长三角生态绿色一体化发展示范区。聚焦规划管理、生态保护、土地管理、项目管理、要素流动、财税分享、公共服务、公共信用等重点领域，推进突破性、集成化、高强度、可复制的改革试验，为全国区域协调发展探索出一整套可复制可推广的制度模式，建设成为一体化制度创新试验田。率先探索将生态优势转化为经济社会发展优势的新路径，加强环淀山湖区域生态环境综合治理和功能提升，打造具有影响力的世界级湖区。发挥西岑科创中心、高铁科创新城、祥符荡创新中心等重大产业创新平台引擎作用，共建创新链与产业链深度融合的跨域创新集群，建设成为绿色创新发展新高地。推进长三角医疗中心等重大公共服务设施建设，提升基础设施网络能级和公共服务体系品质。聚焦打造生态、人文、创新融合的江南水乡客厅，建设人与自然和谐宜居新典范。强化示范区与苏州、嘉兴、湖州的全域联动，构建更大范围区域一体化创新链和产业链。

9.2.2 推动省际毗邻地区开展深度合作。推进长三角科技城、沪苏大丰产业联动集聚区、“一地六县”产业合作区等载体建设。共同构建虹桥—嘉定—昆山—相城等功能走廊，研究建设沿沪宁合、沿沪杭产业创新带。鼓励支持嘉定—昆山—太仓地区，以及崇明东平—南通海永—南通启隆、嘉定安亭—青浦白鹤—苏州花桥、金山枫泾—松江新浜—嘉兴嘉善—嘉兴平湖等跨省城镇圈协同发展。

9.3 聚焦重大项目强化落实

以项目化推动一体化，确保重点项目建设顺利推进。建成沪苏湖铁路，加快沪通铁路二期建设，推进北沿江高铁、沪乍杭铁路建设，加强沪甬通道等跨区域交通项目规划研究工作。建成 G15 嘉浏段，加快推进 G318、G320、G228、G50 等拥挤路段改扩建，推动省界对接道路增能扩容。建成平申线航道（上海段）整治工程，推进苏申内港段建设。积极推动南通新机场规划建设。共同推进新一轮太湖治理工程和环太湖地区城乡有机废弃物处理利用。推进建设长三角（东台）康养小镇项目，示范带动长三角养老合作和康养产业一体化发展。

沪苏通大桥

9.4 聚焦重大平台深化合作

进一步优化完善“上下联动、三级运作、统分结合、各负其责”的区域合作机制，不断强化长三角区域合作办公室的枢纽平台功能，充分发挥专题合作机制在重点领域牵头推动作用，加强部门区域联动。推进各类跨区域合作平台建设，持续放大中国国际进口博览会溢出带动效应和虹桥商务区国际开放枢纽功能，更好发挥G60科创走廊、长三角城市经济协调会等跨区域合作平台作用，进一步做实做强长三角一体化国资投资与服务平台，促进长三角资本市场服务基地精准服务区域企业科创板上市。充分发挥长三角企业家联盟等作用，支持鼓励企业、媒体、专业机构深度参与，充分激发各类市场主体和社会组织的积极性，形成支持一体化、参与一体化、共推一体化的良好氛围。

9.5 深入推进对口支援和合作交流

加强同京津冀协同发展、粤港澳大湾区建设、长江流域经济带发展等战略协作，积极参与西部大开发、东北老工业基地振兴等。促进国内优势企业在沪集聚，服务企业国内拓展，深化产业合作、园区共建、要素平台等合作模式，优化区域产业链布局，保障能源资源和重要物资供应。加大对西藏、新疆、青海、云南等对口地区帮扶和东西部协作力度，不断深化上海与大连对口合作。

上海市对口帮扶云南省文山壮族苗族自治州丘北县腻脚彝族乡产业发展万寿菊种植项目

新疆喀什巴楚县琼库尔恰克乡农户在家门口的“卫星工厂”

贵州省遵义市道真仡佬族苗族自治县阳溪镇上海蔬菜外延基地

上海援建西藏日喀则市人民医院

10. 优化功能布局，塑造市域空间新格局

X. Optimizing the functional layout and shape a new spatial pattern of the municipal area

围绕增强城市核心功能，强化空间载体保障，促进人口、土地等资源要素优化布局，科学配置交通和公共服务设施，加快形成“中心辐射、两翼齐飞、新城发力、南北转型”的空间新格局，促进市域发展格局重塑、整体优化。

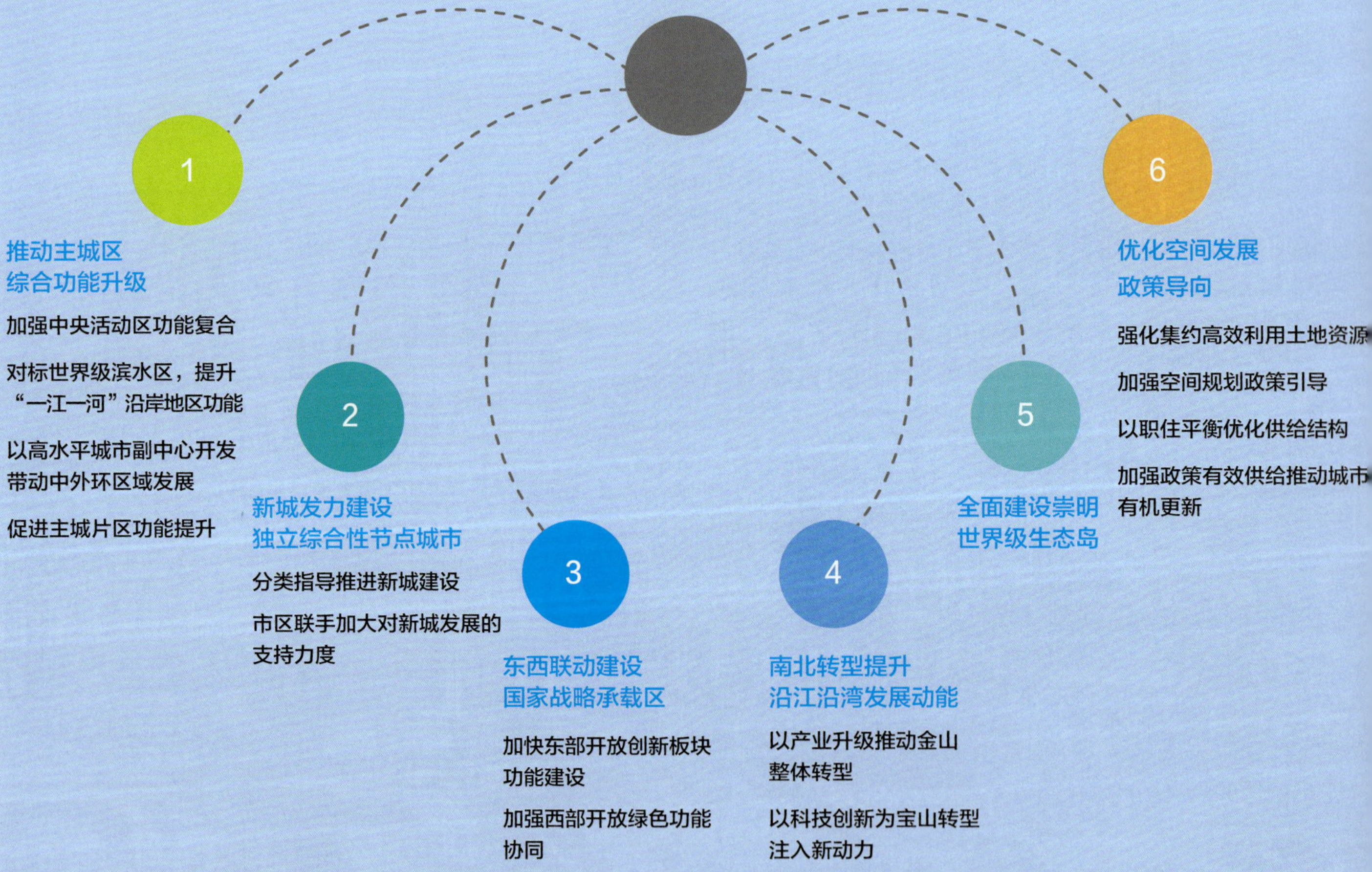

10.1 推动主城区综合功能升级

聚焦提升城市活力和品质，突出中央活动区核心功能，提升城市副中心和主城片区的综合服务与特色功能，不断增强集聚配置和服务辐射国内外高端资源要素的能力。

10.1.1 加强中央活动区功能复合。进一步提升和集聚高能级要素、高品质环境与高等级文化活动，扩大城市的影响力、吸引力和人文魅力，提升区域经济密度和辐射能级。建设世界级地标性商圈，以文化内涵和差异化体验赋能商圈建设，推动商旅文体联动，打造全球新品首店首发地示范区和线上线下互动跨界集聚区。举办多功能多样化全时段活动，积极发展后街经济和夜间经济，延伸休闲消费新时段，提升各类演出和公众活动频率和强度，打造更多具有国际范、上海味、时尚潮的24小时城市社交目的地。以城市更新促进功能更新，在商业商务载体中融入特色居住功能和活力开放空间，挖掘中央活动区集聚的城市历史文化价值，整街区打造衡复等历史风貌区，增加更多特色产业功能和多样化公共空间。

中心辐射、两翼齐飞、新城发力、南北转型

“中心辐射”是指加快提升主城区的服务能级和辐射功能；“两翼齐飞”是指依托上海自贸试验区临港新片区、长三角一体化示范区、虹桥商务区、张江科学城等战略平台，发挥对内对外开放枢纽作用；“新城发力”是指大力推进嘉定、松江、青浦、奉贤、南汇等五个新城建设；“南北转型”是指推动金山、宝山南北两极的加快转型升级。

10.1.2 对标世界级滨水区，提升“一江一河”沿岸地区功能。黄浦江沿岸地区要坚持还江于民，结合城市更新推进杨浦滨江中北段、徐汇滨江南延伸及浦东滨江南延伸段等滨水岸线贯通，为市民提供更多公共休闲空间。整合沿岸文化场馆和活动空间，保护和活化外滩、北外滩、杨浦滨江、民生码头、徐汇上粮六库等沿江历史、文化和工业遗产，增加驿站、红色书屋等文体、商业和休憩设施，植入创新主体和元素，实现“工业锈带”向“生活秀带”“发展绣带”的转变。加快外滩—陆家嘴—北外滩、世博—前滩—徐汇滨江等重点区域的核心产业和要素集聚，汇集以跨国公司总部、金融机构和顶级商务机构为主的高端服务业，积极培育壮大以科技创新、融媒体为主的新兴产业，进一步开发旅游功能，形成具有国际影响力的金融集聚带、总部经济汇集的高端商贸集聚区、文创活动活跃的休闲目的地。优化完善静态交通系统，探索中运量等兼具交通和观光旅游功能的新型公交模式，逐步提升交通可达性和功能配套完备性。苏州河沿岸地区，要全面推进两岸城市更新、生态修复和历史文化等功能重塑，实现中心城区两岸公共空间全面贯通开放，营造苏河湾等“一区一亮点”特色地标区域，提升亲水性和可达性，营造更多开放共享的生态文化空间，围绕数字经济、商务商贸等着力打造苏河水岸经济发展带。

工业锈带

原指以制造业为经济支柱的美国东北部，即底特律、匹兹堡、克利夫兰和芝加哥等大工业城市所在的地区，这些地区在20世纪70—80年代由于工业急剧衰落、工厂大量倒闭、失业率增加而使闲置的设备锈迹斑斑。文中指上海黄浦江滨江两岸等地的工业遗迹。

10.1.3 以高水平城市副中心开发带动中外环区域发展。提升城市副中心服务功能，完善真如、江湾—五角场、张江、金桥等副中心的商业、休闲、文体等公共服务设施布局，强化城市综合服务中心和交通节点功能，提供高品质的公共服务功能、增加公共活动空间。增强科创功能，加快产业用地转型和复合利用，强化张江高科、漕河泾开发区、杨浦双创示范基地、市北高新区、中以创新园、虹桥智谷等科创功能建设，增加创新服务和生活服务配套，形成创新创业要素集聚的生态系统，打造各具特色、具有辐射能力的复合型创新社区。初步建成桃浦智创城、南大智慧城，从基础性开发向功能性开发转变，加快区域交通条件改善、环境品质提升和公共服务功能完善，基本完成老工业基地向现代化城区转型的任务。提升区域内交通互联密度，以中环和轨道交通逐步实现各副中心间的快速联系，促进中外环区域轨道交通便捷化。提升区域居住品质，适当提高住宅用地比例，依托轨道交通站点等区域增加各类住宅的供应量，补强社区公共服务设施，配套建设公园绿地等公共空间。

10.1.4 促进主城片区功能提升。通过外环西段提升促进外环两侧区域城市功能调整和融合，提升城郊结合地区治理水平和环境品质。引导主城片区分类发展，着力提升虹桥主城片区的国际开放枢纽功能；优化吴淞地区开发体制机制，以吴淞创新城为抓手推进宝山主城片区建设，聚焦先行启动区加快开展生态环境整治和配套功能建设；以莘庄城市副中心为重点研究植入城市新功能，提升闵行主城片区品质；预留川沙副中心及周边地区用地。依托外环绿带建设环城公园带，控制中心城周边用地低效无序蔓延开发。加强主城片区各类配套设施建设，适度提升片区内轨道交通站点密度，发挥 13 号线西延伸、机场联络线、21 号线等对虹桥、川沙主城片区的支撑作用。加快存量工业用地向科研用地转变，研究谋划高桥、吴泾地区功能定位，稳步推进厂房搬迁和土地收储，为未来开发腾出空间，积极发挥重大项目对局部区域产业转型的带动作用。在宝山和闵行片区适当增加高水平医疗、文化、体育等公共服务设施，补足社区级公共服务设施，提高职住比例。

10.2 新城发力建设独立综合性节点城市

大力实施新城发展战略，承接主城核心功能，按照产城融合、功能完备、职住平衡、生态宜居、交通便利的新一轮新城建设要求，把五大新城建设为长三角城市群中具有辐射带动作用的独立综合性节点城市，融入长三角区域城市网络。践行现代城市建设理念，以中长期集聚百万人口为目标，加快创业创新人才集聚，夯实产业和科技基础，加快提升交通枢纽能级，完善公共服务配套，丰富文旅资源，加强与周边地区乃至长三角城市联动发展，把五大新城打造成为上海未来发展具有活力的重要增长极和新的战略支点。

10.2.1 分类指导推进新城建设。嘉定新城：成为具有创新活力、人文魅力、综合实力的科技教化之城和沪苏合作桥头堡，深化世界级汽车产业中心承载区建设，集聚发展新能源和智能网联汽车、智能传感器、健康医疗等产业；依托嘉闵线及北延伸、沪通铁路等和安亭北站和嘉定北站等站点周边开发建设，立足嘉昆太、联通苏锡常；聚焦环远香湖、嘉定老城、横沥河文化水脉等重点区域建设，提升保利大剧院、上海赛车场等文体设施功能。青浦新城：成为承载长三角一体化发展和进博会战略功能，引领绿色创新发展和江南文化传承的生态宜居之城，依托环城水系公园建设，统筹推进岸线开发、产业集聚及存量资源更新；依托轨交17号线等，打造新城综合交通节点；聚焦氢能等重点产业推进崧泽大道以北产业园区建设，统筹推进老城历史风貌区城市更新，构建体现历史人文底蕴和生态宜居环境的城市空间。松江新城：依托长三角G60科创走廊建设高铁时代产城融合的科创人文生态之城，做大做强电子信息、集成电路、人工智能、生物医药等战略性新兴产业集群，推进大学城与新府城融合发展；加快以松江枢纽为核心的上海科技影都、现代商务及现代物流体系示范集聚区建设，依托枢纽、高铁及市域线等加强与浦南地区、其他新城及嘉善等周边城市联动；启动新城内环城快速路，统筹优化区域教育和医疗资源均衡配置。奉贤新城：成为上海南部滨江沿海发展走廊上具有鲜明产业特色和独特生态禀赋的节点城市。以“东方美谷”美丽健康产业为主导，加快新华医院奉贤院区、复旦儿科医院奉贤院区、南上海体育中心等优质公共服务配套项目引入和建设；依托沪乍杭等铁路与杭州、嘉兴等加强环杭州湾地区产业带建设，以南枫线为纽带促进与临港和金山的联动发展。南汇新城：全面建设与临港新片区功能相契合的高能级、智慧型、现代化未来之城，聚焦前沿产业以及新型国际贸易、跨境金融、现代航运、信息服务、专业服务等现代服务业，建设国际人才服务港、顶尖科学家社区等载体平台；率先布局新型基础设施，建设智慧城市，加速对外快速交通网络建设；完善城市公共服务配套，布局高能级教育、医疗、商业、文体设施。

10.2.2 市区联手加大对新城发展的支持力度。加强高标准规划引领，优化新城开发强度，着力提高经济密度，在新城核心区、综合交通枢纽、轨交站点周边地区实施高强度和综合开发，推进新城地下空间的整体规划和充分利用。加强交通系统支撑，通过打造各新城综合交通枢纽、建设独立完善的多层次交通网络，增强新城与近沪城市、新城之间以及新城与重大交通节点间联系，支撑新城节点城市功能。强化优势特色功能集聚，坚持差异化发展，大力发展以先进制造业、战略性新兴产业为代表的高端产业集群，积极引导重大项目、重大平台向新城布局落地，加快传统产业腾笼换鸟，提升城市功能和产业能级。加强政策供给和资源保障，在财政资金、规划土地、人才引进、公共服务、建设标准、管理运营等方面加大聚焦和支持力度；运用海绵城市、韧性城市、智慧城市、绿色低碳城市等理念和现代技术，建设高品质现代化新城；创新投融资模式，用好用足社会资本加快新城建设；构建形成聚合力、增活力的新城开发管理体制机制，发挥市级新城规划建设推进协调领导小组作用，加强全市统筹协调，鼓励吸引多元主体，充分调动区级积极性，增强新城开发建设的自主权，形成市区间推进合力。

10.3 东西联动建设国家战略承载区

以临港新片区、张江科学城为核心加快东部开放创新功能板块建设，以虹桥商务区、长三角一体化示范区为核心加快西部绿色开放板块建设，依托轨道交通以及虹桥浦东两大枢纽强化东西联系，延伸深化延安路—世纪大道发展轴，拓展“两翼齐飞”空间格局。

10.3.1 加快东部开放创新板块功能建设。临港新片区：对标国际竞争力最强的自由贸易区，更好发挥开放政策和制度的吸引力，助力形成一批千亿级产业集群，打造一批更高开放度的功能型平台，初步构建世界一流滨海城市的框架形态和功能。张江科学城：加快推动张江“园区”向“城区”转变，实施科学城扩围和空间布局优化，加快科学城北区重大科学基础设施集群建设，加快南区高端产业功能培育，提高东区新兴产业功能活力，推进西区高品质城市服务功能配套，多渠道多主体大幅增加人才公寓和租赁性住房等，持续吸引和留住各类人才尤其是青年研发人才扎根张江科学城创新创业。

10.3.2 加强西部开放绿色功能协同。虹桥商务区：积极服务长三角一体化发展和中国国际进口博览会，努力成为长三角区域畅通循环的枢纽节点。高标准建设虹

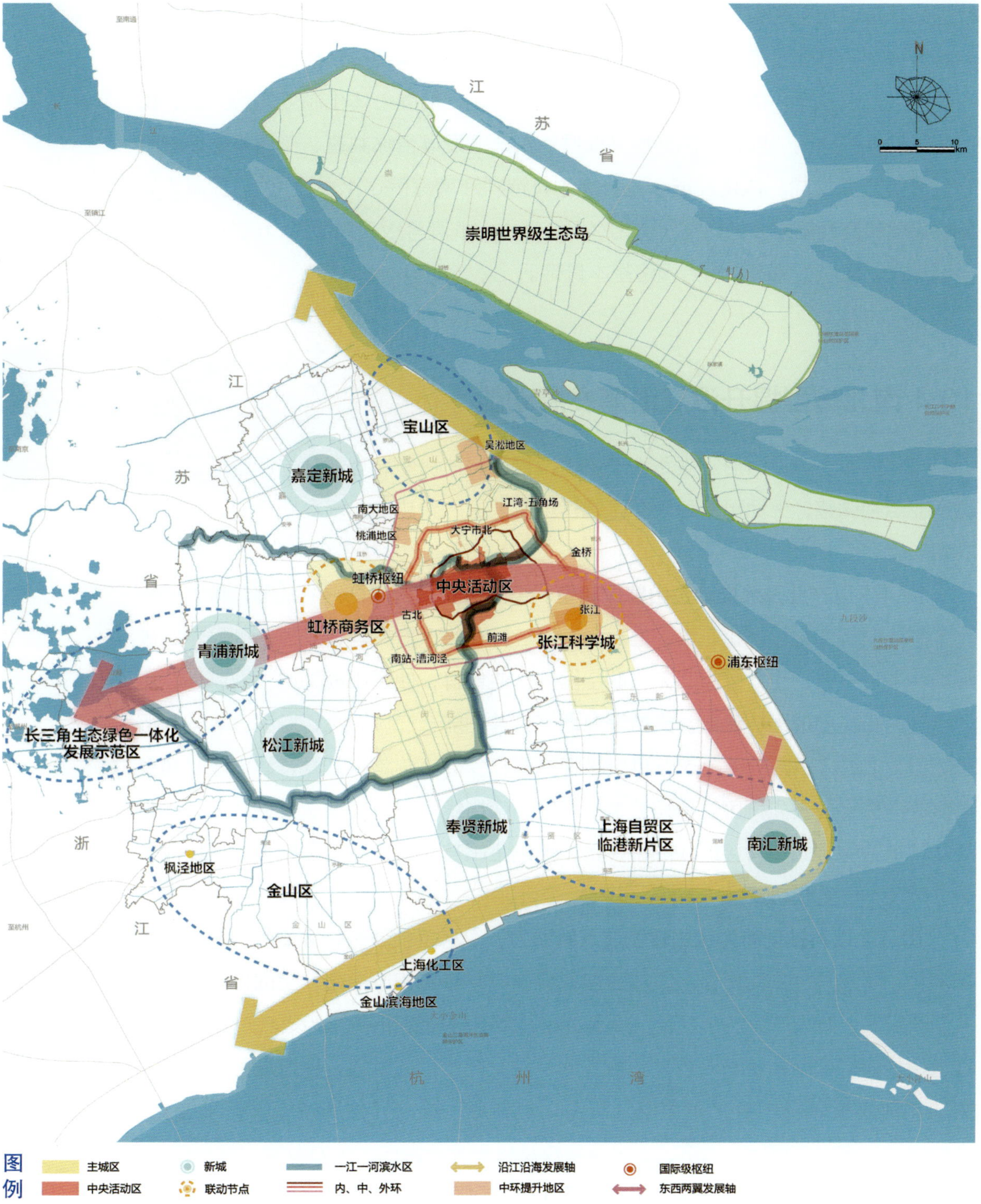

“十四五”上海市域功能布局

桥国际经济论坛永久会址，高质量建设国家进口贸易促进创新示范区；加快建设和完善区域交通基础设施和多层次内部公共交通系统，基本建成虹桥国际开放枢纽核心承载区。长三角一体化示范区：聚焦先行启动区，加强一体化制度先行先试，重点在规划体制协调一致、生态环境共保共治、产业发展合作共赢、交通基础设施互联互通等方面形成一体化发展示范，集中打造“江南庭院、水乡客厅”。提高人居环境品质和交通基础设施网络一体化水平，推进一批高等级公共服务设施共建共享，建设绿道、蓝道、风景道融合网络基本骨架。

10.4 南北转型提升沿江沿湾发展动能

牢牢把握国家沿海沿江铁路大通道建设机遇，加快南北功能布局调整升级，通过产业结构调整、土地更新利用为区域转型发展植入新功能、培育新产业、打造新的增长极。

10.4.1 以产业升级推动金山整体转型。全面落实“两区一堡”战略定位，坚持化工产业向精细化绿色化升级，推动金山第二工业区深度转型，发展新型显示、碳纤维等先进材料、生命健康及无人航空器等产业集群，使金山成为“上海制造”重要承载区和科创成果转化区。支持滨海地区完善功能、产城融合，增强区域辐射服务能力；推进“田园五镇”农业科技品牌共建、乡村旅游跨区共赢，建设长三角乡村振兴一体化发展先行区。依托沪乍杭高铁、南枫线等沿湾多层次交通走廊，建设联动沪杭的中继站和对接浙江的桥头堡，推进金山与嘉善、平湖等毗邻区域协同发展，建设长三角联动发展“两两合作”示范区。

10.4.2 以科技创新为宝山转型注入新动力。以科技创新引领区域转型再塑，依托南大、吴淞科创功能集聚区，加速推动科技成果转化和产业化，全面推进产城融合创新发展、新兴产业创新发展，使宝山成为全市科技创新中心建设的主阵地之一。推进央地协同创新和资源释放，支持宝武等提升产业科创属性，促进园区由制造为主向“制造 + 研发 + 孵化 + 服务”复合功能转变，推广“创新中心 + 产业基地”合作模式。深化与复旦、同济、上大等高校及科研院所合作，大力发展大学科技园，承接高校产业化项目。依托宝山（新杨行）站、国际邮轮港建设，加强与沿江沿海地区的联动，提升沿江综合立体交通走廊的节点功能，加快融入长三角区域创新体系，在沿江产业带中发挥更大作用。

10.5 全面建设崇明世界级生态岛

围绕世界级生态岛总目标，强化三岛联动，大力实施“+ 生态”“生态 +”发展战略，成为全市“生态优先、绿色发展”排头兵和长江经济带“共抓大保护、不搞大开发”典范。以厚植生态优势“立区”，严守生态安全底线，坚持陆海统筹、江河兼顾，构建联通稳固的生态网络，促进城乡水系脉络畅通，推进林地空间布局连廊成带。启动申报黄渤海候鸟栖息地（第二期）世界自然遗产。因地制宜推进花路、花溪、花宅、花村建设，打造“海上森林花岛”。利用航道整治疏浚土开展横沙浅滩生态保滩护岸。以高附加值生态农业“兴区”，围绕“花开中国梦”主题精心举办第十届中国花博会，加快建设“上海花港”，积极发挥“花博效应”，打造花卉研发、生产和销售全产业链。加快发展都市现代绿色农业，努力使崇明农产品成为最安全、最生态的代名词和城市高品质生活的新元素。以高端绿色产业“强区”，推进海洋装备产业数字化绿色化智能化升级，推动旅游、康养、医疗、教育、赛事经济等布局发展，更好把生态优势转变为发展优势。优化全域空间布局，依托北沿江高铁、轨道交通崇明线，推进重要功能布局和重点项目向城桥镇、东滩陈家镇、长横地区、东平（花博园）等板块集聚；构筑连片集约的村庄布局，实行乡村建筑风貌管控，建设特色文旅村落，充分体现“江南韵味、海岛特色”。

建设中的花博会

10.6 优化空间发展政策导向

坚持以发展规划和功能定位引领空间布局，为城镇功能升级和重点区域发展提供土地和空间规划等政策支撑，最大限度地提升土地产出绩效。

10.6.1 强化集约高效利用土地资源。保持新增用地规模合理有序增长，继续推进存量建设用地盘活更新和低效建设用地减量化。加大对临港新片区、长三角一体化示范区和新城等重点地区以及重大项目用地的保障支撑能力，持续优化土地供应结构，激活批而未用等存量土地。适应创新创业人才导入需求变化，有序增加商品住房和租赁住房用地供应。优化存量地下空间再开发实施路径，分层开发地下空间，完善地下建设用地使用权出让制度。

10.6.2 加强空间规划政策引导。有序实施容积率差别化管理，提升城市副中心、重点发展区域及产业转型区域等开发强度。强化 TOD 模式，充分发挥区域重要交通廊道对市域城镇空间布局的引导作用，以轨道交通站点为中心，通过立体式高密度开发，提升站点周边功能和环境，释放土地价值，形成轨交建设与地区发展相互促进的良性循环。积极推进土地复合利用，鼓励可兼容功能的立体混合布局，落实适应新型产业和创新中试等功能需求的产业用地模式，探索创新促进土地复合利用的实施机制及规范标准。推动详细规划覆盖城乡各类区域。加快研究部分战略预留区功能定位和规划安排，成熟一块、使用一块。进一步优化存量工业用地转型机制，加强存量低效产业用地处置。支持利用划拨土地上的存量房产，发展各类新产业、新业态、新模式，土地用途和权利人、权利类型可暂不变更。

TOD（Transit-Oriented-Development）

是指“公共交通导向型发展”模式，是一种高密度的商、住、办和公共设施混合的土地使用模式。

10.6.3 以职住平衡优化供给结构。结合区域内职住平衡的需求，提高商办用地和住宅用地供应的有效性与精准性，合理确定商办用地规模，实施差别化供应。鼓励中心城老旧商务楼宇改造为租赁住房，为周边就业人口提供居住配套。动态调整部分地区商住用地比例，允许部分未建商办用地在充分论证的基础上转为居住用地并建设租赁住房，用于青年科创社区或企业人才公寓等。

10.6.4 加强政策有效供给推动城市有机更新。完善城市更新法规政策体系，积极开展政府与企业的多方式合作，探索城市有机更新中的实施路径、推进方式和资源利用机制，形成可复制的城市更新行动模式。加大政策支持力度，扩大更新政策覆盖范围至居住、产业、风貌区等各类用地，鼓励重点地区、风貌保护区等实施开发规模平衡转移，研究加大新增公共设施和公共空间的容积率奖励力度的措施，提

大新天地效果图

张园鸟瞰效果图

虹桥地区实景图

曹杨地区实景图

升城市更新的可持续性及对社会资本的吸引力。做实城市更新中心平台，优化城市更新项目审批流程，探索建立规划、文保、建设、消防、绿化等联审机制。在黄浦外滩和大新天地、静安张园、长宁老虹桥、普陀曹杨等地区开展城市更新改造示范区试点。

11. 全面推进乡村振兴战略，促进城乡融合发展

XI. Fully advancing the rural revitalization strategy, to promote the integrated development of urban and rural areas

优先发展农业农村，加快农业农村现代化，促进城乡资源双向流动，以“美丽家园、绿色田园、幸福乐园”建设为抓手，盘活土地资源和集体资产，不断提升郊区乡村的宜居度和吸引力，促进农业高质高效、乡村宜居宜业、农民富裕富足，建设充满活力的超大城市美丽乡村、未来发展战略空间和核心功能重要承载地。

11.1 提升大都市乡村产业现代化水平

准确把握超大城市乡村发展功能定位，以满足超大城市居民需求为导向，促进一二三产业融合发展，培育引导乡村新产业新业态新模式，全面构建与国际大都市相适应的现代乡村产业体系。

11.1.1 推进都市现代农业高质量发展。严格落实 202 万亩耕地特别是 150 万亩永久基本农田的保护目标，深入实施藏粮于地、藏粮于技战略，以农业“三区”为重点，聚焦打造一批绿色田园先行片区，深入推进农业供给侧结构性改革。推进装备农业和智慧农业发展，加大自动化、智能化装备推广力度，应用物联网、大数据等手段，建设一批粮食生产无人农场及食用菌、蔬菜和花卉园艺等植物工厂，稳定粮食种植面积和产量，大力推广花卉等经济作物，努力打造都市型农业标杆城市。发挥上海科技优势，全力支持种源农业发展，加快推进全市农业种质资源保护和利用体系建设，为国家打好种业翻身仗作出上海贡献。推进生态循环绿色农业发展，加快开展化肥农药减量增效行动，积极推行种养结合等节肥节药的生态农业模式，到 2025 年农田化肥、农药总施用量分别下降 9% 和 10%，畜禽养殖废弃物和粮油作物秸秆资源化利用率达到 98% 以上，地产绿色优质农产品比例达到 70% 以上。壮大新型农业经营主体，培育 100 家年销售收入 1 亿元以上具有核心竞争力和带动能力强的农业龙头企业，鼓励支持家庭农场、农民专业合作社规范化发展。

崇明稻田收割

11.1.2 持续推动农村一二三产业融合发展。积极打造优势特色产业集群，以绿色田园先行片区为载体，突出区域特色品牌，结合国家农村产业融合示范园创建提升，打造一批涵盖生产加工、科技服务、文旅休闲的农村产业融合发展平台，推进农业全产业链高质量发展。提升休闲农业和乡村旅游水平，打造一批民宿集聚点、乡村旅游路线和农事节庆文化活动，围绕旅游古镇、特色村落、乡村民宿等打造一批特色村镇休闲区，满足城乡居民消费休闲需求。

11.1.3 培育超大城市乡村地区多元功能。鼓励依托乡村生态资源价值，因地制宜培育发展新产业新业态，推动居住、康养、文旅、电商功能等多业态融合。纯农地区积极发展田园综合体等特色文旅和休闲农业，城镇产业园区周边探索利用集体建设用地发展人才公寓，重点功能区和工业园区周边促进关联产业向乡村延伸布局，集聚一批类总部企业和研发中心。

11.2 全面实施乡村建设行动

统筹农村生产生活生态，提升乡村基础设施水平，持续改善农村人居环境，补齐乡村民生短板，不断缩小公共服务领域的城乡差距，提升乡村治理能力和水平，努力实现高水平的城乡融合。

11.2.1 提升优化农村人居环境。落实村庄规划，继续有步骤推进农民相对集中居住，重点解决“三高两区”周边农民以及规划农村居民点范围外的分散户的居住问题，暂未实施的撤并村要及时明确推进计划，切实改善农民生活居住条件和乡村风貌。推进“四好农村路”和村内道路建设，完成农村公路提档升级改造800公里；加大对农村电网改造、燃气管网、供水管网和数字网络等基础设施的投入，推动市政公用基础设施向农村地区延伸。实施农村生活污水治理续建与新建项目，逐步推进已建农村生活污水处理设施提标改造，农村生活污水处理率达到90%以上。推进生态清洁小流域工程，连片实施中小河道整治，探索试点农田径流污染物生态拦截技术，力争实现骨干河道上游污染物减少1/3以上。进一步改善乡村生态环境，探索开展乡村绿化美化和美丽庭院建设。

三高两区

是指高速公路、高铁、高压线沿线以及生态敏感区、环境综合整治区。

四好农村路

是指要把农村公路建好、管好、护好、运营好。

11.2.2 着力提高农村公共服务水平。实施第二轮城乡学校携手共进计划，采取学区化集团化办学、合作办学、委托管理等方式，进一步提升乡村学校办学质量。

崇明区庙镇永乐村

浦东新区泥城镇公平村

推动新一轮社区卫生服务机构建设，加强村卫生室功能与社区卫生服务中心服务同质化对接，推进健康村镇试点建设，提升农村居民文明卫生素质和健康素养水平。结合农村老年人生活居住特点，实施农村养老服务提升行动，进一步加大农村养老设施建设力度，实现农村养老设施配置均衡可及，完善街镇（乡）有“院”、片区有“所”、组有“点”的设施网络。

11.2.3 持续推进美丽乡村建设。强化示范村特色优势产业培育，提升乡村整体风貌，配置旅游、休闲等服务设施，与乡村治理紧密结合，探索发挥村级组织和村民在基础设施运维中的作用。鼓励各类人才投身乡村建设，着力加强农村领域专业技术人才队伍建设。继续高质量推进美丽乡村示范村和乡村振兴示范村建设，到2025年全市规划保留村美丽乡村建设实现全覆盖，建设300个以上市级美丽乡村示范村、150个以上乡村振兴示范村，形成一批可推广、可示范的乡村建设发展模式。

11.3 深化农村各项制度改革

健全城乡融合发展机制，推动城乡要素平等交换、双向流动，激发农村资源要素活力。稳步推进农村承包地“三权分置”，落实第二轮土地承包到期后再延长30年政策，保持农村土地承包关系稳定长久不变。在基本完成镇村两级农村集体产权制度改革的基础上，健全集体资产管理各项制度，规范集体资产管理和交易行为，发展新型农村集体经济。继续加大农村综合帮扶工作力度，建设一批收益稳定长效的“造血”项目，增强农村集体经济组织内生动力，不断提高低收入农户生活水平。建立健全农民增收长效机制，分类实施农民就业技能培训，促进农村劳动力多渠道

三权分置

是指农村承包地的所有权、承包权、经营权三权分置。

闵行区马桥镇同心村

就业，积极推动镇村集体经济组织实行年度收益分配，促进农民财产性收入持续增长。以提高农业生产效率为重点，促进农民增加经营性收入。按照同地、同价、同权、同责的要求，完善集体经营性建设用地权能，稳妥推进农村集体经营性建设用地入市工作，引导农村集体经济组织以土地使用权入股等多种方式盘活集体建设用地。审慎稳妥推进农村宅基地改革试点，探索宅基地所有权、资格权、使用权分置实现形式。开展全域土地综合整治试点。

11.4 发挥各类城镇对乡村的带动联接作用

协调推进乡村振兴战略和新型城镇化战略，增强新城集聚辐射功能，更好发挥各类镇连城带乡、服务农村的作用，因地制宜、分类施策，开展乡村振兴示范镇试点。中心镇要按照人口规模和地区活动中心标准提高公共服务设施水平，按照主导产业定位建设一批面向各类人才的租赁住房和公共配套设施。加强城镇型园区建设，实现产业空间和居住配套空间的小尺度复合。远郊一般镇要按照小而美的导向，通过实施全域规划、全域整治、全域建设，补齐镇区短板弱项，整合生态和农业空间，发掘和激活生态资源的经济价值，体现和提升大都市乡村文化价值。激活部分非建制镇潜力，充分利用区位条件和产业基础，加快实施基础设施改造提升，优化医疗、养老等公共服务设施水平，增强产业配套和社区服务功能，成为承载优质项目、吸纳农民就近城镇化的平台载体。

浦东新区川沙新镇连民村

青浦区重固镇徐姚村

金山区朱泾镇待泾村

奉贤区金汇镇新强村

青浦区朱家角镇张马村

12. 加强面向未来的现代化基础设施建设，提高超大城市服务水平

Ⅻ. Strengthening the construction of future-oriented modern infrastructure, to raise the service standard of a megacity

海 虹 桥 站
HONGQIAO RAILWAY STATION
SHANGHAI HONGQIAO INTERNATIONAL AIRPORT

坚持以人为本、安全为重、管理为先的理念，以枢纽型、功能性、网络化和智能化为导向，整体提升各类基础设施规模能力、运行效率和服务品质，形成系统完备、适度超前、协同高效、安全可靠的超大城市现代化基础设施体系。

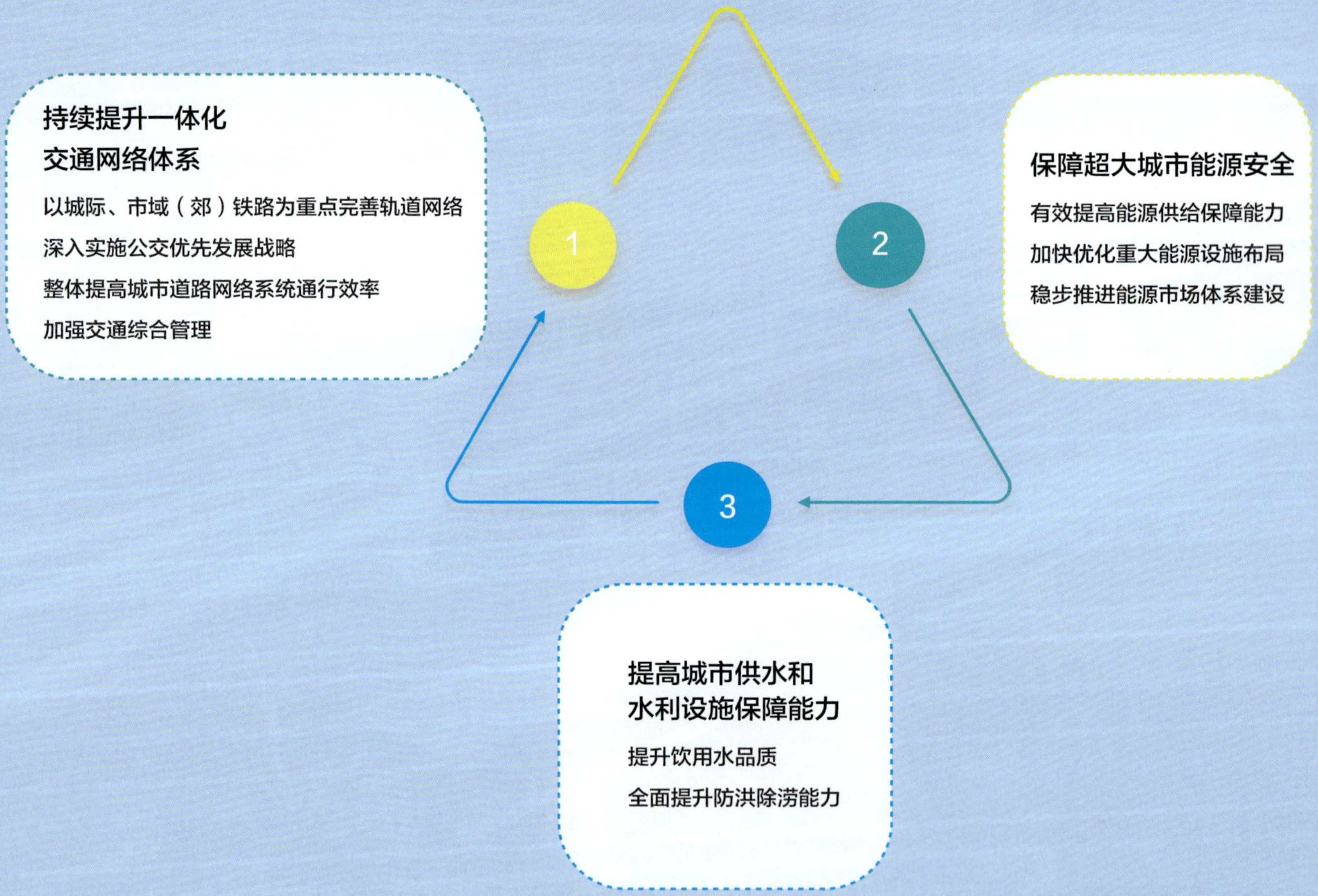

12.1 持续提升一体化交通网络体系

围绕提能级、补短板、织网络，更加注重支撑市域重点地区发展和城镇体系功能提升，更加注重高品质服务和用户体验，更加注重与长三角互通互联，构建立体融合、智慧高效、人本生态的现代综合交通系统。

12.1.1 以城际、市域（郊）铁路为重点完善轨道网络。围绕虹桥枢纽、浦东枢纽等主要节点，形成多层次、通勤式、快速化和经济舒适的轨道交通网络，到2025年实现中心城60分钟可达毗邻城市、主要枢纽120分钟可达长三角主要城市。基本形成沪苏、沪浙多向对外铁路通道格局，明显提升沿线城镇、重点功能区与长三角城市直联直通水平。推进既有铁路站线资源及周边区域改造利用，增强铁路服务市域公交及城市物流功能。全面启动市域（郊）铁路建设，加快形成市域（郊）铁路基本骨架，带动重点地区、郊区和近沪地区发展。建成机场联络线，推进嘉闵线及北延伸、两港快线建设，加强临港、张江等重点地区之间及与两大枢纽的快速交通联系。推进崇明线、17号线西延伸建设。规划建设南枫线、沪平线，发挥连接长三角功能，形成对杭州湾北岸城镇的带动作用。推动市域（郊）铁路网络与长三角城际铁路网衔接，提升中心城、郊区与长三角城镇之间通勤化客运水平。强化市域（郊）铁路线网规划顶层设计，探索车站衔接、列车开行等运营管理机制。建成轨道14号线、18号线一期，加快建设13号线西延伸、19号线、20号线一期、21号线一期、23号线一期等线路，加快规划建设12号线西延伸、15号线南延伸等，进一步提升中心城轨道网络覆盖密度，并加大川沙、宝山、虹桥、闵行四个主城片区轨道通达性，推动轨道交通覆盖所有区，到2025年市区线和市域（郊）铁路运营总里程达960公里。全力打造集航空、国铁、城际铁路、市域（郊）铁路、市区线等功能于一体的浦东综合交通枢纽，提升虹桥枢纽交通服务能级。强化“松江枢纽”服务长三角的功能。

12.1.2 深入实施公交优先发展战略。强化公共交通在城市客运中的骨干地位，将公交优先战略进一步从中心城向主城片区、新城等拓展，到2025年中心城公交出行比重达45%以上。完善多层次公共交通系统网络，推进市域、局域、常规公交线网融合发展。构建多层级常规公交线网，有序推进中运量等中心城骨干公交、社区微循环公交系统建设。加强主城区外围居住和产业组团公交服务，完善郊区城镇内部相对独立的公交系统。全出行链提升公交服务品质和效率。优化轨道交通运营组织，持续推进高峰大客流线路增能提效。结合客流需求推进公交专用道网络化布设，有序优化调整地面公交线网，提升公交信息服务精准度。改善共享单车接驳服务，加强对共享单车投放使用的供需预测和智能调度。全面推行“出行即服务”，支持社会力量参与打造一体化、全流程的出行服务平台，为市民提供全程引导、绿色激励等智能诱导和出行规划服务。

出行即服务（MaaS: Mobility as a Service）

是指将飞机、火车、地铁、公交、出租车、共享单车等交通方式的出行服务进行整合，进而满足各种交通需求。是人们的出行需求发展到一定阶段后的一种演化，强调交通系统的多模式、一站式、门到门、需求响应和未来可持续性。

12.1.3 整体提高城市道路网络系统通行效率。加快道路骨干工程建设，持续推动省界道路增能扩容，提升近沪地区路网通行能力。推进 S3、S4 等高速公路建设，进一步改善郊区与中心城路网通达性。建成北横通道、东西通道、漕宝路快速路、军工路快速路等中心城骨干道路，规划建设南北通道、漕宝路东延伸等项目。完善越江跨河桥隧通道。提升道路网络功能服务水平，实施外环西段交通功能提升工程，加强外环线沿线骨干道路网衔接。以苏州河以北地区及新城为重点，优化城市主次支道路的级配和布局，围绕主干道路增加平行和横向次支道路，提高路网整体运行效率。优化货运交通布局，针对港区、物流园区和城市拥挤路段，统筹客货分流，建成沿江通道浦东段，推进运输结构调整，形成徐行、闵行两个铁路物流基地和外高桥、芦潮港两处铁路联运节点站，优化城市转运中心、分拨中心、末端配送网点等物流设施布局。完善安全舒适的慢行系统，加快步行和非机动车通道连续成网，保障慢行交通路权，打造公平友好、设施完善、出行舒适的慢行空间。

12.1.4 加强交通综合管理。持续推进交通需求管理，加强机动车号牌额度总量联动控制，完善非营业性客车额度政策，强化外省市号牌车辆错峰出行引导和区域差别化管理，继续开展小客车使用政策储备研究。加强静态交通能力建设和设施管理，深入实施差别化停车管理政策，分类优化重点地区、交通枢纽、旅游景区等区域停车设施布局，动态设置道路分时停车泊位，缓解小区夜间停车、医院停车等临时性停车问题。完善公共停车信息平台功能，利用信息化服务提高泊位利用效率，实现商业综合体移动端停车信息服务全覆盖。深化智慧交通发展，构建交通智能感知信息网络，推进智能航运、智慧道路等新型交通设施升级建设。深化出租车行业改革，结合法规政策、信用管理和事中事后联合监管，逐步形成巡游车和网约车融合互补、健康发展新局面。

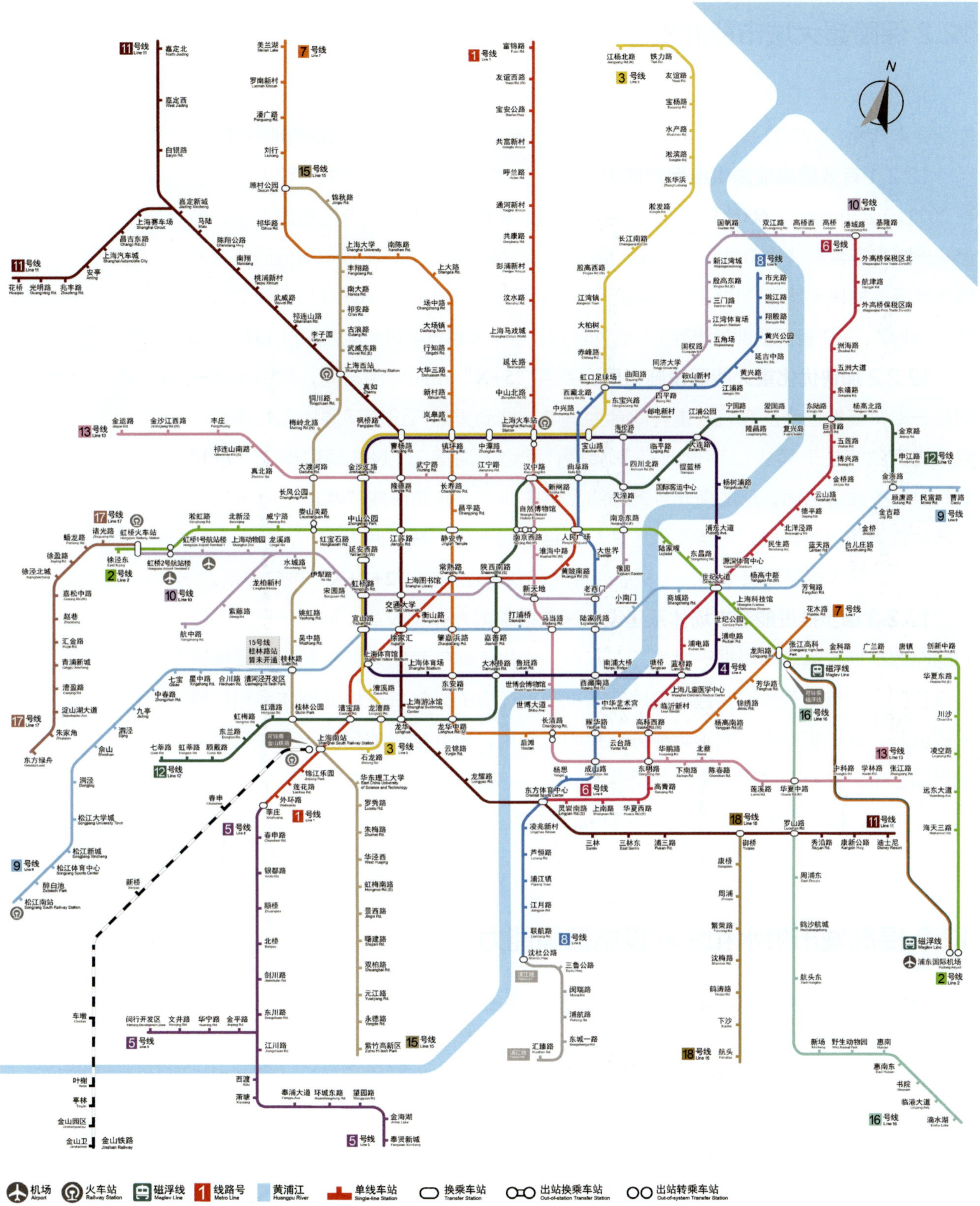

上海轨道交通网络示意图（2021 年 1 月）

12.2 保障超大城市能源安全

把能源安全放在突出位置，坚持内外并重和多元驱动，建设具有国际话语权的能源要素市场，加快打造与超大城市相适应的安全、清洁、可持续的现代能源体系。

12.2.1 有效提高能源供给保障能力。加大支撑电源和电网调峰能力建设，力争到 2025 年全市再新增 600 万千瓦电力供应能力。新增电力供应以市内布局为主，重点实施煤电等容量替代和灵活性改造，推进燃气调峰电源建设，积极争取低碳清洁的市外电源。加快天然气产供储销体系建设，重点建设第二 LNG 站线项目，建成五号沟—崇明岛、主干管网西部复线等主干管网项目。全市天然气年供应能力超过 137 亿方。

12.2.2 加快优化重大能源设施布局。完善“5+X”市内电源布局，其中吴泾—闵行—奉贤基地逐步从煤气并重转向全为气电。推动天然气设施网源协调布局，研究推进天然气主干网从 C 字形向 O 形转变，配合上海第二 LNG 项目形成“7+1”多气源、多通道格局。形成南北互济的油品供应体系，航油形成“两厂三库 + 浦虹机场联络管”供应格局，汽柴油供应形成包括上海石化、赛科两大炼厂，金闵一线二线、白沪两大成品油管道、X 个成品油库和码头等在内的“2+2+X”供应体系。

12.2.3 稳步推进能源市场体系建设。深入推进电力体制改革，推进以现货为核心的电力市场改革。稳妥推进燃气行业改革，优化天然气管网运营机制，稳妥推进燃气管网公平有序开放，完善与管网运营机制相适应的天然气产供储销体系和价格形成机制。进一步发挥上海国际能源交易中心作用，研究推进成品油、天然气等期货产品上市。支持上海石油天然气交易中心在临港新片区建设具有国际影响力的油气定价中心，探索开展国际保税低硫燃料油现货交易。

12.3 提高城市供水和水利设施保障能力

围绕补短板和提品质，全面提升源头到龙头供水安全，系统推进城镇排水和防汛设施建设，提升存量设施效能，不断增强抵御洪涝灾害的韧性。

12.3.1 提升饮用水品质。强化水源地安全保障，严格落实水源地保护区分类分级管控。推进青草沙—陈行原水系统连通等水源地连通工程建设，先期启动原水西环线南半段工程，加强水源地与跨省上游地区联动共保。完善供水厂网设施更新改造，建设临港、虹桥等水厂，完成杨树浦、长桥等长江水源水厂的深度处理工程，

青草沙水源地

以及约 2 000 公里老旧供水管网更新改造，不断降低公共供水管网漏损率。深入推进二次供水改造，加快覆盖源头至龙头的供水监测。推进高品质饮用水示范区建设。

12.3.2 全面提升防洪除涝能力。持续推进海绵城市建设，到 2025 年 40% 建成区达到海绵城市建设要求，中心城 35% 左右面积达到 3～5 年一遇雨水排水能力。加快吴淞江（上海段）等流域骨干水利工程建设，实施淀山湖、元荡等生态环境整治工程。实施约 50 公里黄浦江堤防专项维修工程，持续提升黄浦江抗风险能力。推进 50 公里左右主海塘达标建设，提升主海塘防潮能力。推进油墩港等水利片外围泵闸建设，增强城市排涝能力。

海绵城市示意图

13. 巩固提升生态环境质量，加快建设生态宜居城市

XIII. Consolidating and improving eco-environmental quality and speeding up the construction of eco-livable city

积极回应人民群众对城市优美生态环境的期盼，滚动实施生态环境保护和建设三年行动计划，树立绿色低碳发展理念，推动环境治理从注重末端进一步转向源头防控，从无害化治理进一步转向资源化、减量化，从政府管理为主转向各方主体多元治理，生态环境质量持续稳定向好，公众对生态环境感受度满意度不断提升，使绿色成为人民城市最动人的底色、最温暖的亮色。

大力促进经济社会全面绿色转型

努力实现碳排放提前达峰
加大产业、交通结构调整力度
大力培育全社会绿色生活方式

持续改善生态环境质量

大幅提升水环境治理能力
稳步提升大气环境质量
推进以循环经济为导向的城乡废弃物治理
切实加强土壤污染防治

加快建设开放共享、多彩可及的生态空间

实施千座公园计划
拓展耕地、林地、绿地、湿地等生态空间

深入推进现代环境治理体系建设

强化落实环境治理主体责任
完善多元化市场化生态环保投入机制
建立健全法规标准政策体系

13.1 大力促进经济社会全面绿色转型

聚焦重点领域，深入推进结构优化调整，力争加快实现碳排放达峰，使绿色低碳生产生活方式更加深入人心、成为自觉行动。

碳排放达峰

是指某个地区或行业年度二氧化碳排放量达到历史最高值后，出现由增转降的历史拐点。

碳普惠

是指将企业与公众的减排行为进行量化、记录，并通过交易变现、政策支持、商场奖励等消纳渠道实现其价值。

13.1.1 努力实现碳排放提前达峰。 制定全市碳排放达峰行动方案，实施能源消费总量和强度双控，着力推动电力、钢铁、化工等重点领域和重点用能单位节能降碳，确保在2025年前实现碳排放达峰，单位生产总值能源消耗和二氧化碳排放降低确保完成国家下达目标。继续推进能源清洁高效利用，研究推进吴泾煤电等容量异地替代，推动宝钢和上海石化自备电厂实施清洁化改造，继续实施重点企业煤炭消费总量控制制度，到2025年煤炭消费总量控制在4 300万吨左右，煤炭消费总量占一次能源消费比重下降到30%左右，天然气占一次能源消费比重提高到17%左右。分行业、分领域实施光伏专项工程，稳步推进海上风电开发，到2025年本地可再生能源占全社会用电量比重提高到8%左右。推行能效对标达标行动，推动主要耗能产品和主要行业能效水平达到国际和国内先进水平。不断提升建

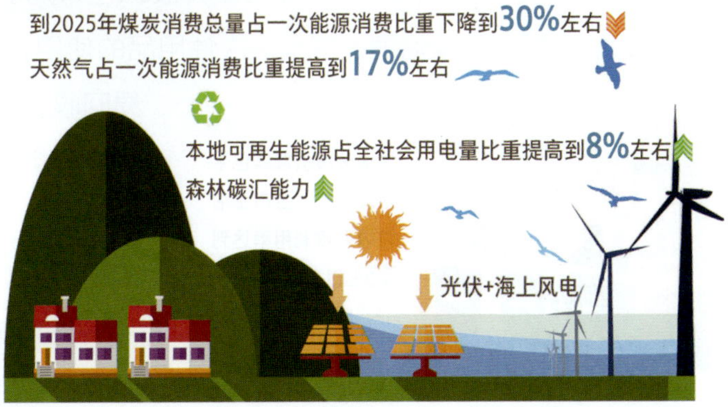

筑能效等级，推广绿色建筑设计标准。出台碳普惠总体实施方案，鼓励公众节能降碳，积极创建低碳发展实践区和低碳社区。研究推进低碳产品认证和碳标识制度工作。推进全国碳排放交易系统建设，进一步完善本市碳交易市场，争取开展国家气候投融资试点。进一步提高森林碳汇能力，探索碳捕捉等技术应用。

13.1.2 加大产业、交通结构调整力度。继续推进产业结构转型升级，全面落实生态环境准入清单，积极推进低效产业园区转型升级、推行清洁生产和钢铁、化工、石化等重点行业绿色化改造。优先将节能环保产业做大做强，开展汽车制造、芯片制造、生物医药、电商物流等行业绿色供应链示范试点。推进绿色产品、绿色工厂、绿色园区建设，提升产业绿色化水平。加快重点区域转型。继续深化交通运输结构调整，完善集疏运体系，优化货运场站布局，进一步发挥水运、铁路等在对外交通运输中的作用。加大新能源车推广力度，到 2025 年力争全市公交、巡游出租车、邮政、环卫、公务用车等新增或更新全部选用新能源车。

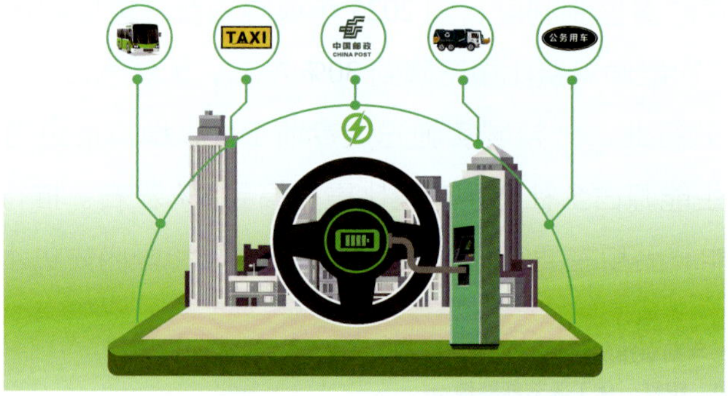

13.1.3 大力培育全社会绿色生活方式。全面推进重点领域绿色生活创建活动。大力推广节能环保低碳产品，全面推行绿色产品政府采购制度，国有企业率先执行企业绿色采购指南，鼓励其他企业自主开展绿色采购。大力倡导生态设计和绿色消费理念，加强塑料污染治理，减少一次性用品的使用，引导消费者优先采购可循环、易回收、可再生的替代产品。构建生活垃圾分类常态长效机制，进一步巩固生活垃圾分类全面达标。深入开展“光盘行动”，试点餐饮行业绿色账户积分激励机制，在全社会营造浪费可耻、节约为荣的社会风尚。

13.2 持续改善生态环境质量

着力巩固前期污染防治成果，深入打好污染防治攻坚战，强化系统保护、源头防控、协同治理，补齐环境基础设施短板，主要污染物排放削减确保完成国家下达目标，天蓝水清土净的生态环境更加宜人。

13.2.1 大幅提升水环境治理能力。以源头截污为根本，加强水岸联动，完善污水处理体系和提升河道水质并重。补齐局部区域设施短板，建成竹园污水厂四期工程，启动泰和污水厂二期扩建、白龙港污水厂三期工程，基本解决中心城区旱季溢流问题；完成浦东南片、嘉定、松江、崇明等郊区污水厂扩建工程，全面解决郊区污水处理能力缺口问题。提高管网收集能力和运维水平，加快竹园—白龙港污水连通管工程等项目建设，启动合流污水一期复线工程。结合新城、大型居住社区、重点地区开发和城市更新改造，同步配套建设和改造污水管网，到 2025 年实现城镇污水管网全覆盖，城镇污水处理率达到 99% 以上。推进初期雨水治理和雨污混接改造，完成中心城区六座污水厂初期雨水调蓄工程，建立雨污混接问题预防、发现和处置的动态机制，实现排水管网监测维养全覆盖，全面完成雨污混接改造。有效增强污泥处置能力，结合污水厂新建、扩建工程同步实施污泥干化工程，完成浦东、嘉定、青浦等区污泥独立焚烧设施建设，推进燃煤电厂污泥掺烧，全面实现污水厂污泥“零填埋”。持续深化河湖长制，加强新技术应用、精细化管理，持续推进苏州河环境综合整治四期工程，进一步增强水动力。加强入河排污口放置管理。

13.2.2 稳步提升大气环境质量。深入推进 $PM_{2.5}$ 和臭氧（O_3）协同控制，到 2025 年环境空气质量优良率稳定在 85% 左右。提升机动车船等移动源排放控制水平，全面完成国三柴油货车淘汰，对重型柴油车严格实施机动车新车国 6b 排放标准，重点行业营运车辆全面达到国四及以上标准。全面开展重型柴油车和非道路移动机械远程在线监管，研究外环部分路段货运功能外移。大力推进岸电设施建设，到 2025 年五类专业化泊位配备岸电设备基本实现全覆盖，岸电使用率显著提高。加大工业点源综合治理，全面完成钢铁行业超低排放改造，推进工业窑炉深度治理。完成新一轮工业企业 VOCs 排放综合治理，对新增项目实施减量替代，全面加强无组织排放控制，实施汽车制造、包装印刷等重点行业源头替代和总量控制。继续强化扬尘污染治理，加大餐饮油烟污染日常巡查和治理力度。

13.2.3 推进以循环经济为导向的城乡废弃物治理。不断优化无害化处理结构，加强科研攻关和产业创新，有效提升资源化利用水平，全面实现原生生活垃圾“零填埋”，力争实现生活垃圾源头减量。在市域全面形成“一主多点”的末端处置格局，加快推进老港、海滨、宝山、闵行、金山、奉贤、崇明等一批生活垃圾末端处理和建筑垃圾资源利用设施建设，推进一般工业固废与生活垃圾的协同处置。完善垃圾分类转运设施建设，推进建筑垃圾转运码头建设，提升建筑垃圾水路运输比例。完善生活垃圾全程分类信息化平台，实现对生活垃圾分类质量和分类责任全程追踪溯源。优化固体废物处置能力，推进老港等资源循环利用基地建设。积极推进危险废物焚烧灰渣、生活垃圾焚烧飞灰、重金属污泥等无机类危险废物多途径的利用处置。在外环周边区域设置一批渣土陆域消纳卸点。探索大型菜市场湿垃圾就地处置，加大净菜上市力度。试点大型消费品生产和销售企业开展商品包装物押金回收制度，在快递外卖集中的重点区域投放塑料包装回收设施。加快推进“点站场”回收体系标准化建设和管理，鼓励有条件的场所细化可回收物分类。加快培育回收利用龙头企业，进一步落实废玻璃等低价值可回收物支持政策，鼓励末端资源化利用企业主动参与分类工作，形成多方参与、多元经营的可回收物市场体系。

点站场

是指生活垃圾可回收物回收服务点、转运站、集散场。

13.2.4 切实加强土壤污染防治。启动新一轮农用地和重点行业企业用地污染状况调查。落实优先保护类、安全利用类、严格管控类耕地分类管理制度，强化受污染耕地的风险防控和安全利用，有序开展污染场地治理修复工程。加强建设用地全生命周期跟踪管理制度，探索“环境修复 + 开发建设”新模式。

13.3 加快建设开放共享、多彩可及的生态空间

坚持山水林田湖草系统治理，在努力增加全市生态资源总量的同时，更加注重生态资源空间布局、生态品质和效益的提升，做到“远处有景、近处有绿”。到 2025 年公园增至 1 000 座以上，基本实现步行 5 ~ 10 分钟有绿、骑行 15 分钟有景、车行 30 分钟有大型公园，让城市处处有公园、公园处处是美景。

13.3.1 实施千座公园计划。按照公园城市理念，到 2025 年新增公园 600 座左右，人均公园绿地面积增加 1 平方米，提升公园的便捷到达性、体系性和连通性，让更多市民出门见绿。建设一批大型标志性公园，满足市民周末休闲娱乐需求。以高品质、多功能的公园带动周边区域发展，实现多种功能复合叠加。系统推进环城

图例

主城区	现有公园	新增城市社区/口袋公园	生态空间
生态廊道	新增/改建大型城市公园	新增乡村小微公园	新增郊野公园（区域公园）

“十四五”上海公园绿地建设布局

公园带建设，优先建设环城公园示范项目，建成10座以上特色公园和郊野公园。提升已建新城公园、郊野公园的内涵功能，在坚持公益性定位的基础上，增加餐饮、停车等配套经营设施，加快建立健全有效的运行和维护机制。结合“一江一河”、新城建设等新建50座左右社区公园，满足市民日常游憩健身需求；依托现有生态资源，促进林地、田地等生态空间组合，改建50座左右开放休闲林地公园。聚焦中心城公园布局盲点问题，见缝插针改建或新建口袋公园300座左右，实现公园绿地基本全覆盖；结合美丽乡村建设200座左右乡村小微公园。持续提升公园品质，丰富公园功能内涵，加快老公园改造更新，形成多彩多景公园绿地景观。

13.3.2 拓展耕地、林地、绿地、湿地等生态空间。强化国土空间规划和用途管制，在严守耕地保护红线的基础上，有序实施生态建设，重点实施黄浦江—大治河等生态走廊，逐步释放中心城周边造林空间，注重在新城周边增加环城森林等生态空间，优化林相结构，到2025年累计净增森林面积24万亩。依托市级重点生态廊道、环淀山湖、环崇明岛等新建绿道1 000公里。整合优化自然保护地，丰富生物多样性，维护生态安全。加强长江口、杭州湾北岸、黄浦江上游等重要湿地、堤防、海岸带及佘山岛保护和生态修复。

13.4 深入推进现代环境治理体系建设

建立健全高标准、高水平的环境治理领导责任体系、企业责任体系、全民行动体系等，全面落实各类主体责任，充分激发市场主体和公众参与积极性。

13.4.1 强化落实环境治理主体责任。健全以排污许可证为核心的固定污染源管理制度，加强排污许可证证后执法监管，强化环境监测、监管和执法的协同联动。积极推动工业园区为园区内企业提供第三方诊断、服务等新模式、新业态。全面实施企业环境信用评价制度和动态调整机制，依据评价结果实施分级分类监管。推进生态环境教育设施和场所面向社会公众开放，建立生态环保信息强制性披露、重点企业环境责任报告等制度，完善社会公众和新闻媒体监督参与机制，加大对偷排漏排、超标排放、破坏生态等违法行为的打击力度。建设覆盖全要素、全区域、全领域的环境监测网络体系，提升生态环境系统监控和智慧管理能力。

13.4.2 完善多元化市场化生态环保投入机制。建立常态化、稳定的市区两级财

政资金投入机制。探索建立对能效、环保领跑者等评价机制的财政激励、金融信贷等支持政策。探索建立长三角区域排污权交易市场，形成多元化投资运行机制。鼓励社会资本按市场化原则设立节能环保产业投资基金，推进实施环境污染强制责任保险制度。推进排污权、用能权、用水权、碳排放权市场化交易。

13.4.3 建立健全法规标准政策体系。重点推动环境影响评价、扬尘污染治理等领域的地方立法，开展土壤污染防治、排污许可证管理、移动源大气污染防治等相关立法研究。加强环保标准制定的统筹规划，推进绿色标准体系建设，聚焦汽修、涂装等行业，加快涉挥发性有机物等重点领域相关标准的制定和修订。鼓励推行各类涉及环境治理的绿色认证制度。

14. 努力创造高品质生活，更好满足人民对美好生活的向往

XIV. Working hard to create high-quality life to better meet people's aspirations for a better life

湖心亭
茶

坚持尽力而为、量力而行，攻坚破解“老小旧远”民生难题，大力推进优质公共服务资源向郊区和家门口延伸、向薄弱环节和重点群体倾斜，着力提升人民群众的边际感受，鼓励市场和社会力量积极参与社会共建共享，扎实推动共同富裕，让人民生活更有品质、更有尊严、更加幸福。

切实办好人民满意的一流教育

- 促进学生全面发展
- 锻造一流教师队伍
- 推进基础教育优质均衡发展
- 深化高等教育内涵式发展
- 促进产教深度融合
- 推进学习型社会建设

着力推进健康上海建设

- 健全公共卫生体系
- 加强医防融合的健康服务管理
- 加快构建整合型医疗服务体系
- 加快建设健康科技创新中心
- 持续深化医药卫生体制改革

积极应对人口老龄化

- 促进人口长期均衡发展
- 全面推进城乡社区养老服务
- 持续扩大多层次养老服务供给
- 深化医养康养相结合
- 建设老年友好型社会

强化就业优先政策

- 多措并举稳就业扩就业
- 强化技能培训助推高质量就业

稳步提升城乡居民收入

- 拓宽居民增收渠道
- 规范收入分配秩序

持续改善市民居住质量和环境

- 全力推进旧区改造和旧住房更新改造
- 完善住房保障制度
- 促进房地产市场平稳健康发展

织牢织密社会保障网

- 持续完善社会保障制度体系
- 完善扶弱救困体系

创新完善公共服务供给

- 持续优化人口服务管理
- 深入推进基本公共服务制度化、标准化和均等化
- 创新服务供给模式

14.1 切实办好人民满意的一流教育

坚持教育优先发展，促进教育公平，基于学龄人口动态发展趋势布局教育资源，以教育评价改革驱动教育高质量发展，以信息技术更新教育理念、变革教育模式，促进教育对外开放提质增效，增强教育服务经济社会发展功能，努力为每一个学生全面而有个性的发展创造条件，办好家门口每一所学校。

14.1.1 促进学生全面发展。把立德树人成效作为育人根本标准，创新德智体美劳“五育并举”过程性评价实施办法，完善基于大数据的学生综合素质评价。深化“课程思政”和“学科德育”改革，建设校内外育人共同体。加强科学教育，培育创新思维，强化创新实践，建设一批促进青少年科创学习交流的标志性场所，提升青少年基于现代信息技术的学习力和面向未来的全球胜任力。深化体教融合，以课程课余、活动赛事为载体增强学生体育素养，推动艺术教育教学改革，广泛开展劳动教育。健全学校家庭社会协同育人机制。加快建设学生身心健康守护网，净化未成年人网络环境，加强学生公共卫生、心理健康和挫折教育，培育健全人格。

全球胜任力（又称“全球竞争力”，Global Competence）

根据经合组织2017年发布的“PISA（国际学生评估项目）全球胜任力框架”，是指青少年能够分析当地、全球和跨文化的问题，理解和欣赏他人的观点和世界观，与不同文化背景的人进行开放、得体和有效的互动，以及为集体福祉和可持续发展采取行动的能力。具体包括知识、技能、态度、价值观四方面内容。

14.1.2 锻造一流教师队伍。把教书育人放在最突出位置，健全教师分类评价。加强新时代师德师风建设，强化教师思想政治素质考察，提升全体教师育德意识和育德能力。建立以师范院校为主体、高水平非师范院校参与的教师教育新体系，加快发展学前教育等紧缺专业。实施基础教育强师优师工程，实施基础教育人才攀升计划，完善吸引乐教适教人才从教的奖励激励制度，加强教师全过程培养，优化教师专业发展平台建设，引进和培育一批高层次教育人才。畅通高技术人才从教通道，建设高水平职业教育“双师型”教师队伍。深化教师人事薪酬机制改革，优化职称评聘和专业技术岗位比例。完善符合教育行业特点、有利于激发教师活力的收入分配制度，持续提高教师收入水平。健全教师荣誉制度，营造全社会尊师重教的浓厚氛围。

公办初中强校工程

是指在全市范围内遴选一批公办初中，按照“一校一策”原则，制定和实施三年强校实施规划，并结合“名校长名师培养工程”、紧密型学区化集团化办学、落实中考改革等方式进行建设的重要举措，旨在建成“家门口好初中”，带动公办初中全面提升办学质量。

14.1.3 推进基础教育优质均衡发展。适度提高基础教育资源配置标准，加强优质教育资源市级统筹，推进优秀教育人才流动，加大对教育资源相对薄弱区域的政策倾斜和投入力度，不断提高新城教育能级和水平。合理规划学前教育资源布局，加强家庭科学育儿指导和快乐启蒙教育，提高优质幼儿园的比例。推进公办初中强校工程、紧密型学区集团建设，打造一批示范性学区集团和新优质特色学校，努力实现义务教育优质均衡发展区全覆盖。全面提升小学生校内课后服务质量。深化普通高中育人方式改革，促进高中教育分类特色多样发展，创新完善个性化选课走班教学模式，鼓励优质高中适当扩大招生和办学规模。深化医教结合，优化各学段特殊教育布局，构建融合教育分层支持服务体系。规范义务教育阶段民办学校办学秩序，支持和引导民办中小学转型发展、持续发展。高质量落实课程标准，建立健全教材管理运行机制，全面提升教育教学水平。加强教育教学与考核评价一致性管理，深化课程教学改革和考试招生改革。

14.1.4 深化高等教育内涵式发展。深化高校分类管理和评价改革，完善错位竞争、特色办学的发展格局，进一步落实和扩大地方高校办学自主权。聚焦社会发展和行业产业急需，优化学科专业结构，适度扩大高等教育事业规模，不断提升高等教育质量水平。加快发展一流本科教育，实施一流本科专业和一流本科课程建设“双万计划”，完善学分制和本科生导师制，全面提高人才培养质量。深化研究生教育综合改革，促进研究生学术学位和专业学位分类发展，完善高层次应用型人才培养体系。鼓励引进世界一流大学来沪开展中外合作办学。完善民办教育分类改革和差别化管理与扶持政策，实施民办高校办学质量提升计划。

14.1.5 促进产教深度融合。完善产教融合发展布局，形成以临港新片区为核心区、若干重点区域协同提升的“1+N”区域发展格局。完善现代职业教育体系，建设一批新型（五年一贯制）高职院校，引进国际优质职业教育资源，动员各方力量共同举办职业教育。加强技术技能人才培养，深化实施一流专科高等教育院校和专业建设，鼓励职业院校、高等院校与企业联合海外办学，推动一批中高等职业院校和专业进入国际国内领先行列，支持新办高水平产教融合型本科院校。聚焦技术性、实践性较强的专业推行现代学徒制，支持各类高校实验实训中心建设。建立体现产教融合发展导向的教育质量评价制度，引导企业深度参与学校办学和教育教学。

14.1.6 推进学习型社会建设。引导高等学校和职业学校加强继续教育和社会培训服务，探索在岗人员“双元制”继续教育模式。大力发展社区教育、老年教育，完善学分银行制度，探索建设以学习者为中心的自适应学习平台，创新推进各类终身学习场所和学习资源整合开放，建设方式更灵活、资源更丰富、学习更便捷的终身学习体系。到 2025 年主要劳动年龄人口平均受教育年限达到 13 年。

紧密型学区集团

是指在现有学区集团广覆盖的基础上，通过建立学区集团规章制度、师资交流轮岗、课程教学共研共享、绩效捆绑考核等方式，促进学区集团建设更紧密，从而实现学区集团内部优质教育资源的共建共享，提升家门口每一所学校的教育品质。

14.2 着力推进健康上海建设

科学把握常态化疫情新特征，树立大卫生、大健康理念，深化爱国卫生运动和健康促进，提高突发公共卫生事件应急处置能力，加快优质医疗资源扩容和均衡布局，构建整合型、高品质卫生健康服务体系，全方位全周期保障人民健康，稳步提升健康预期寿命，市民主要健康指标继续保持发达国家和地区水平。

14.2.1 健全公共卫生体系。坚持预防为主，提升公共卫生社会治理效能，完善应急预案，加强实战演练，形成统一高效的公共卫生应急指挥体系。以新发突发传染病、不明原因疾病为重点，完善监测哨点布局，强化各类疾病、危险事件监测预警和响应机制。加快推进市疾病预防控制中心新建工程，优化公共卫生人才培养和发展环境，持续增强现代化疾病预防控制能力。建设平战结合的应急医疗救治体系，建立后备定点医院整体转换机制。加强应急心理救助能力，完善应急心理救助保障。建设化学灾害医学应急救援网络和救援队。提升医疗卫生行业综合监管水平。

14.2.2 加强医防融合的健康服务管理。以癌症、代谢性疾病、心脑血管疾病和呼吸系统疾病为重点完善综合防治体系，以大肠癌、肺癌、胃癌等为重点，提高癌症早筛早诊比例。提升居民健康素养，推动全民健康科普运动。深入推进体医结合，以康复人群、亚健康人群等为重点发展体育运动处方。推进职业人群健康促进，加强对工作压力综合征和新发职业病危害因素监测和干预。提升精神疾病综合防治服务能力，做强市精神卫生中心，建设市区联动的精神专科联盟，加强社区精神障碍康复养护网建设。构建覆盖全人群、全生命周期、衔接递进的精神卫生和心理健康服务网络。以青少年、职业白领等人群为重点，加强常见精神障碍及心理健康问题的防治知识普及和辅导干预。

14.2.3 加快构建整合型医疗服务体系。完善医疗资源的空间布局和梯度配置，推动优质医疗资源扩容下沉，加快新城医疗卫生资源补短板、增功能、提能级。夯实基层医疗服务基础，分类分步推进社区医院建设，全面提升基层医疗机构的诊疗、康复等医疗功能。做优家庭医生签约服务，强化老年人、慢性病患者和长期护理居民等重点人群签约服务。加强区域性医疗中心综合服务能力和标准化建设，强化常见病多发病诊疗、急危重症抢救等功能。提升市级医院医学研究和危重疑难病症诊疗水平，建设一批具有一定国际影响力、国内领先、特色鲜明的危重疑难病症诊疗中心，争创国家医学中心。鼓励社会办医健康发展，加快新虹桥、浦东国际、枫林、思南等医学园区建设，支持有条件的医疗机构开展国际医疗旅游服务，推进健康保险和医疗支付与国际接轨。大力推进中医药传承创新发展，建设中医流派特色优势临床专科中心和流派专科专病联合体。推进中医药流派融入社区健康服务，鼓励在

居民健康素养

是指个体具有获取、理解、处理基本健康信息和服务，并运用这些信息和服务做出正确判断和决定，维持和促进健康的能力。其评价指标为健康素养具备率，主要围绕健康理念和基本知识、健康生活方式和行为以及健康技能等三方面，综合反映居民健康素养情况。

区域性医疗中心

是从符合标准和布局要求的区级医院中遴选，立足区域医疗服务基本需求，向区域内居民提供基本医疗卫生服务的重要载体。承担区域内居民常见病、多发病诊疗，急危重症抢救与疑难病转诊，培训和指导基层医疗卫生机构人员等工作。

社区建设中医特色专病专科，提升社区中医药服务水平。建立中医药标准研究制定、推广、监测和认证体系。开展中医药防治重大疾病和慢性非传染性疾病临床研究，争取建设一批国家中医医学中心和区域中医医疗中心。

14.2.4 加快建设健康科技创新中心。推进基础医学与临床医学融合发展，聚焦重点病种，开展致病机理、预防、诊断和治疗等联合攻关，加快精准医学突破。支持医学与新兴学科交叉融合发展，支持中西医汇聚创新，推进人工智能和大数据在医学领域的应用。推进临床研究平台建设，积极争取国家重点实验室、国家临床医学研究中心、国家医学中心落沪。

14.2.5 持续深化医药卫生体制改革。持续推进公立医院治理机制改革，做实现代医院管理制度。全面加强卫生健康人才队伍建设，加大公共卫生、全科、精神科、病理、护理、康复、临床药师等紧缺人才培养引进力度，到 2025 年每千人拥有执业（助理）医师数达到 3.6 人以上。开展医学科学家培养改革试点，探索联合培养机制，打造一批集医疗服务、基础科研、临床转化于一体的顶尖医学科学家队伍。加强医疗、医保、医药“三医联动”改革和系统集成。持续推进按病种为主的支付方式改革，完善总额预算框架下的多元复合医保支付方式，优化医保目录、协议和预算绩效管理。建立以市场为主导的医药价格形成机制，持续优化医疗服务价格结构。深化药品和医用耗材集中采购制度改革。支持临港新片区探索对拟入驻项目应用医疗技术先进性评估管理办法，支持区内符合条件的医疗机构可应用部分尚未在国内批准上市的产品。

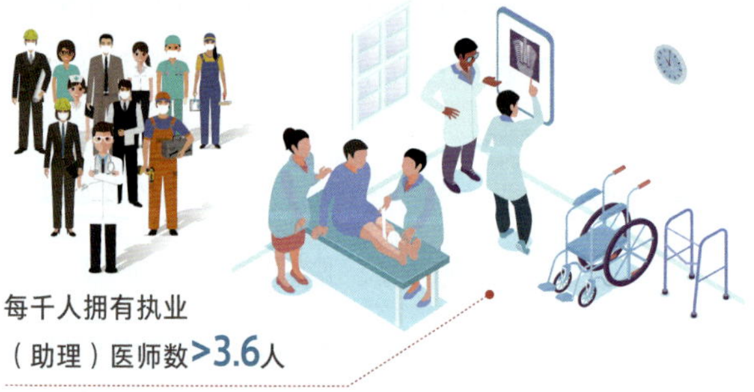

14.3 积极应对人口老龄化

优化生育支持政策，提高人口素质，优化人口结构，促进人口长期均衡发展。全面完善居家社区机构相协调、医养康养相结合的养老服务体系，推动社区嵌入式养老服务更加方便可及、机构养老服务更加专业、家庭照料能力显著增强，老年人生活品质和生命质量持续提升。

14.3.1 促进人口长期均衡发展。按照国家统一部署增强生育政策包容性，加强优生优育服务。积极扩大普惠安全的托育服务供给，鼓励和支持幼儿园开设托班，鼓励民资民企、企事业单位、街道集体等开办普惠性托育机构，建设一批嵌入式、分布式社区托育点，进一步规范托育服务市场，到2025年力争累计新增三岁以下婴幼儿托额2万个。研究支持家庭发展的综合性政策体系，支持女性平等就业，降低家庭生育、养育、教育成本，提升家庭生育养育意愿和能力。

14.3.2 全面推进城乡社区养老服务。在中心城区和城市化地区大力发展嵌入式养老，以各类养老服务站点为依托，嵌入专业照护、助餐服务、智慧养老、家庭支持、康复辅具等服务融合供给，推广综合照护服务模式，更好满足老人个性化、多样化需求。不断加密覆盖城乡的社区养老综合服务网络，到2025年全市街镇养老综合体达到500家，实现15分钟养老服务网络全覆盖。鼓励养老机构和社区卫生服务中心将专业服务延伸到社区和家庭，在中心城区探索发展连续、稳定、专业的家庭照护床位，着力提升养老服务的精准供给和专业化水平。发展农村互助性养老服务，推进郊区养老综合体组团批量购买专业机构为老服务，提升远郊镇村为老服务质量。支持家庭承担养老功能，提升老年人子女在老年保健、居家护理等方面的意识和技能。关注认知障碍老人的身心健康，在社区加强风险测评和早期干预，提升家庭护理能力，加快建设“老年认知障碍友好社区”，到2025年实现街镇全覆盖。

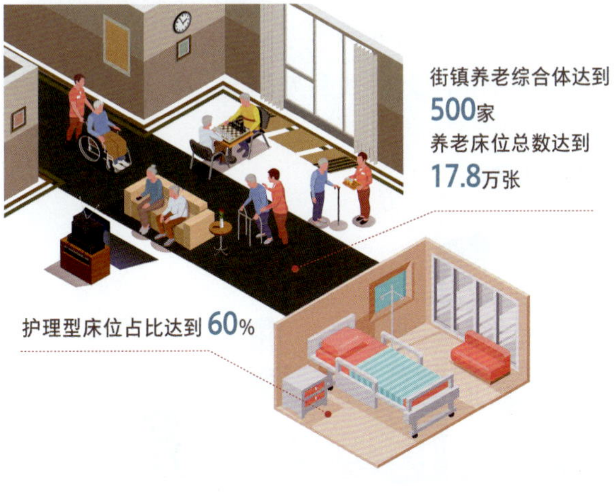

14.3.3 持续扩大多层次养老服务供给。强化政府保基本责任，激发市场主体活力，推动政策机制创新，满足老年人多样化的养老

服务需求，到 2025 年全市养老床位总数达到 17.8 万张。优化床位供给结构，围绕失能失智老人需求，持续增加护理型的床位供给，到 2025 年护理型床位占比达到 60%。完善保基本养老机构的建设运营和轮候制度，加快研究制定统筹市域保基本床位布局和利用的引导政策。鼓励各区积极发展适度普惠型、品质型、大众化的养老机构，加强闲置空间的统筹利用，优化公建民营模式，完善定价机制，促进养老机构可持续发展。探索跨行政区养老新模式，加快推动养老服务资源在全市范围、长三角区域内有效利用和配置，支持老年人根据个性化需求自主选择养老机构。鼓励和支持社会力量在养老服务体系中发挥主体作用，积极发展民办养老和护理机构，鼓励连锁品牌运营。重点加大对普惠型、护理型民办养老机构的政策扶持，促进和规范养老社区等市场化服务发展，满足多样化养老服务需求，形成一批有全国影响力的养老服务品牌。大力加强养老服务管理人才和医护人才队伍建设，加强养老护理员技能培训和信用管理，健全养老服务综合监管制度，全面提升养老服务质量。

14.3.4 深化医养康养相结合。建立健全覆盖城乡、规模适宜、功能合理、综合连续的服务网络。加快建设市老年医学中心，推动二级及以上综合医院、中医医院等开设老年医学科。推动医疗机构与养老机构邻近或整合设置，鼓励组建医养联合体，实现更加便利的双向转介和费用结算。普及安宁疗护文化理念，增加安宁疗护服务供给，维护老年人生命尊严。深化体医养结合，发展老年人慢性病防治“运动处方”，加强老年人体育服务配送和非医疗健康干预，建设一批“长者运动健康之家”。全面深化长期护理保险制度，完善统一需求评估体系，健全配套政策及管理运行机制，优化长期照护服务项目和标准，着力解决失能失智老人护理难题。

长期护理保险制度

是通过多渠道筹资建立社会统筹基金，为符合条件的参保人员提供生活照料和专业护理服务或费用补偿的一种社会保险制度。探索建立长期护理保险制度，是为积极应对人口老龄化、健全社会保障体系作出的一项重要部署。

14.3.5 建设老年友好型社会。推进老有所为，积极开发老龄人力资源，发挥各类“老专家智库”作用，支持和鼓励老年人才参与创新创业、知识传播、技能传授、科研咨询、志愿服务等活动。推进老有所学，支持社会力量开发老年人线上学习产品、兴办老年大学。推进老有所乐，围绕活力老人品质生活需求，积极发展老年休闲“乐活”体验消费。大力建设老年宜居颐养环境，营造尊老敬老社会氛围，加快居家、社区和城市基础设施适老环境改造，

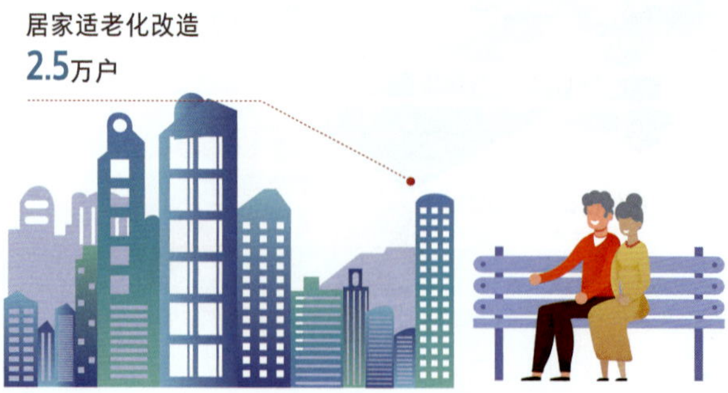

到 2025 年实现居家适老化改造 2.5 万户。着力提升智能化服务的适老性水平，完善日常生活中传统服务方式的兜底保障，促进老年人共享便利智能的数字生活。

14.4 强化就业优先政策

实施更加积极的就业政策，坚持稳定就业和扩大就业并重、促进创业和提升职业技能并举，不断扩大就业容量，实现更高质量的充分就业。

14.4.1 多措并举稳就业扩就业。把促进经济发展作为稳定和扩大就业的根本途径，每年新增就业岗位不低于50万个。加大援企稳岗力度，落实减税降费政策措施，加强财税、金融等重大经济政策与就业政策的配套衔接。健全就业需求调查和失业监测预警机制。着力加强对各类重点群体的就业援助，进一步加大高校毕业生的就业创业服务力度，做好长期失业青年、残疾人、退役军人和离土农民等群体就业帮扶工作。培育壮大新经济新业态灵活就业，加快健全适应新业态发展需求的职业标准开发机制、职业技能等级制度和技能人才评价制度，优化新就业形态人员公共服务和权益保障，鼓励劳动者实现多渠道灵活就业。促进创业带动就业，推动园区、校区、社区创业资源互联共享。健全劳动关系协调机制，处理好促进企业发展和维护职工权益的关系，营造和谐稳定的用工环境。

新就业形态

是指新一轮信息技术革命特别是数字经济和平台经济发展带来的一种就业新模式，体现为劳动关系灵活化、工作内容多样化、工作方式弹性化、工作安排去组织化、创业机会互联网化，正在成为吸纳就业的一条重要渠道。

14.4.2 强化技能培训助推高质量就业。以举办第 46 届世界技能大赛为契机，大力营造技能成才、技能报国的社会氛围和良好环境。建设世界技能博物馆，健全终身职业技能培训体系，积极推进大规模职业技能提升行动。全面推进企业新型学徒制、新技能培训，构建统一的职业技能竞赛体系。促进劳动者提升素质、体面劳动、全面发展，努力培养

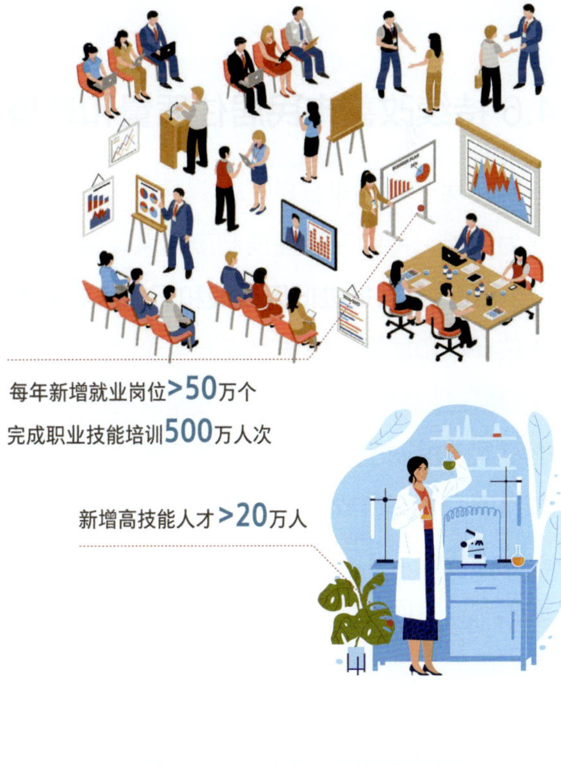

具有国际水平的高技能人才队伍。到 2025 年完成职业技能培训 500 万人次，新增高技能人才 20 万人以上。

14.5 稳步提升城乡居民收入

积极拓宽城乡居民增收渠道，保持收入合理增长，缩小收入分配差距，努力实现居民收入增长与经济增长基本同步，劳动报酬与劳动生产率同步提高，形成与上海城市定位相匹配、有利于激发干事创业活力的收入分配格局。

14.5.1 拓宽居民增收渠道。提高工资性收入，激发技能人才、科研人员、干部队伍等重点群体活力，深化国有企业收入分配制度改革，引导企业合理增加一线劳动者劳动报酬和薪资水平，提升技术工人技能等级，促进工资性收入增加。推动低收入群体收入更快增长，扩大中等收入群体，带动城乡居民增收。稳定和增加居民的非工资性收入，健全要素分配机制，稳定资本市场财产性收入预期，拓宽居民经营性收入路径，鼓励发展个体经济，保障合法兼职收入。

14.5.2 规范收入分配秩序。加强对垄断行业收入监管，加大税收对收入分配的调节力度，健全完善第三次分配体系，取缔非法收入，努力遏制收入差距扩大趋势。

14.6 持续改善市民居住质量和环境

坚持房子是用来住的、不是用来炒的定位，租购并举、因区施策，以提升居住品质为重点，持续完善住房制度体系，促进市民住有所居、住有宜居。

14.6.1 全力推进旧区改造和旧住房更新改造。深化城市有机更新，着力提升整体居住环境和质量。加快完成旧区改造，本届党委政府任期内全面完成约 110 万平方米中心城区成片二级旧里以下房屋改造任务，到 2025 年全面完成约 20 万平方米中心城区零星二级旧里以下房屋改造任务。加强旧区改造土地收储和开发建设联动，引导规划提前介入，形成滚动开发建设机制。明确历史风貌保护甄别标准，加强对风貌保护资源多途径活化利用。探索零星旧里改造的方法和途径，建立市区联动、统筹平衡改造机制。全面完成旧改范围外的无卫生设施的老旧住房改造，全面启动以拆除重建为重点的旧住房成套改造，到 2025 年分类实施旧住房更新改造 5 000 万平方米。更大

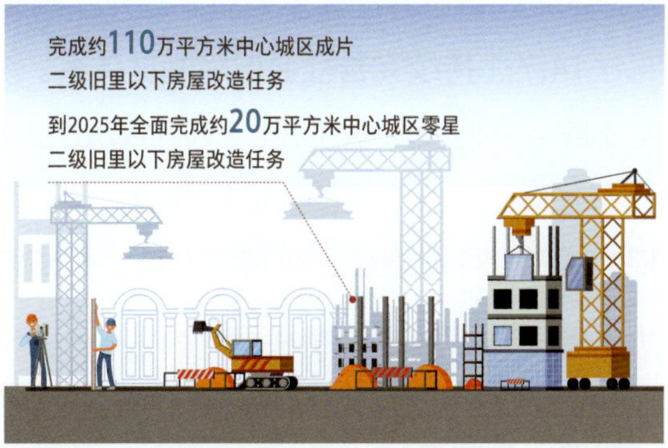

力度推进既有多层住宅加装电梯，强化施工维保“一体化”采购，充分运用市场机制和信用机制加强监管。统筹实施停车设施、管线入地等整治改造，持续完善住宅小区服务功能。有序推进“城中村”改造。

14.6.2 完善住房保障制度。以提高保障性住房适配性为导向，构建以政府为主导、多主体参与、多渠道供应的住房保障体系。优化住房保障覆盖面，适时适度调整廉租住房准入标准和保障水平，完善共有产权保障住房政策机制，加大公共租赁住房精准保障力度，加强征收安置住房建设管理。建立保障性住房房源储备供应长效机制，科学安排大型居住社区的用地供应节奏和配套建设时序，确保配套项目与住宅同步交付使用。按照区域需求及时调整房源供应结构。夯实属地责任，强化科技防控、信用管理和行政执法，提升保障性住房管理水平。

14.6.3 促进房地产市场平稳健康发展。稳妥实施房地产市场调控“一城一策”常态长效机制，保持新建项目供应量、供应结构、供应节奏合理有序，持续抑制投机炒房，坚决防范化解房地产市场风险。加大住房供应力度，增加住宅用地供应，加快商品住房项目建设和上市；优化住房供应结构，加强区域协调，坚持以中小套型普通商品房供应为主，分区分类完善户型比例要求。加快完善长租房政策，规范发展租赁住房市场，加快推进住房租赁立法，健全市场规则明晰、政府监管有力、权益保障充分的住房租赁法规制度规范。多主体多渠道增加租赁住房供应，发挥各类市场主体作用，加大对城市运行基础服务人员宿舍型租赁住房的供应力度，到2025年形成租赁住房供应40万套（包括间、宿舍床位）以上。进一步发挥住房公积金制度作用，推进长三角住房公积金一体化发展。

14.7 织牢结密社会保障网

坚持兜底线、织密网，健全全面覆盖、统筹城乡、公平统一、可持续的多层次社会保障体系，加大对重点群体的关爱保障力度，完善与上海经济社会发展阶段相适应的现代社会救助体系，稳步提升社会保障水平。

14.7.1 持续完善社会保障制度体系。深化基本养老保险制度改革，进一步扩大基本养老保险参保覆盖面。积极推动企业年金、职业年金发展，规范发展第三支柱养老保险。完善社保基金运行管理，健全基金预警机制，拓宽筹资渠道，推动基金规范运营、保值增值、可持续发展。按照国家总体部署，做好渐进式延迟法定退休年龄的实施工作。加快落实社保转移接续制度，巩固扩大异地就医结算范围。健全失业保险制度。推动工伤保险向各类职业人群全覆盖，探索建立新经济新业态从业人员职业伤害保障制度，完善预防、补偿和康复三位一体的工伤保险制度体系。持续增强医保基金统筹保障能力，调整优化基本医疗保障范围，进一步提高医保综合监管水平。强化基本医疗保险、大病保险和医疗救助三重保障功能，完善生育保险制度，加快发展商业健康保险，促进各类医疗保障互补衔接，进一步减轻市民医疗经济负担。健全退役军人工作体系和保障制度。

14.7.2 完善扶弱救困体系。维护困难群众基本权益，探索开展困难群众救助需求综合评估，健全应对突发性、紧迫性临时民生兜底保障和特殊人群关爱机制。建立解决相对贫困的长效机制，制定发展型社会救助政策，稳步提高最低生活保障标准，深化完善价格临时补贴制度，加强收入核对，完善社会救助体系。加大重点群体关爱力度。保障妇女儿童合法权益，强化困境儿童、孤残儿童基本生活和监护兜底保障。促进“残健融合”，完善残疾人福利保障体系和设施建设，加强残疾人康复机构和自闭症儿童辅读学校建设，全方位推进居家、出行和信息交流无障碍，促进残疾人和自闭症患者融入社会。推进慈善事业创新发展。

14.8 创新完善公共服务供给

完善与社会主义现代化国际大都市相匹配的人口服务体系。深化基本公共服务制度建设，不断提升服务品质和效率，实现基本公共服务供给水平继续保持全国领先。

14.8.1 持续优化人口服务管理。深化户籍制度改革，加强政策统筹平衡，更好发挥居住证主渠道作用，稳步推进基本公共服务常住人口全覆盖。创新人口服务管理方式，加强新技术手段运用，提高人口综合调控和服务管理水平。深化移民政策研究和实践基地建设，促进移民融合，提升与国际大都市相匹配的人口服务能力。加强人口数据监测，强化政策协同，促进人口政策与经济社会政策有效衔接。引导人口合理布局、有序流动，保持城市活力。

14.8.2 深入推进基本公共服务制度化、标准化和均等化。完善基本公共服务项目清单制度和动态调整机制。深入推进标准体系建设，细化资源配置、设施建设、人员配备等各类标准。补齐重点困难人群、远郊乡村等服务短板弱项，确保应保尽保。建立均等化评价指标体系。健全合格供应商制度，推进多元供给，不断提升服务品质和效率。

14.8.3 创新服务供给模式。支持社会力量参与服务供给，健全资源共建共享机制。聚焦人民群众关切期盼，大力推进实施民心工程，优化完善菜场等社区商业配套设施，健全更加健康、便捷和丰富的早餐供应体系。打造家门口“一站式”服务综合体，将更多服务资源下沉到社区、向市民身边延伸覆盖，加强综合体规划布局和标准制定，鼓励设施功能复合设置，到 2025 年实现卫生、养老、文化、体育等城镇社区公共服务设施 15 分钟步行可达覆盖率达到 85% 左右。

民心工程

是指市委、市政府为解决人民群众的困难，改善人民群众生活实施的各类措施和项目。包括旧区改造工程、黄浦江两岸公共空间功能提升工程、苏州河两岸公共空间贯通工程、早餐工程、停车难综合治理工程、社区养老服务设施建设工程、便民就医工程、推进既有多层住宅加装电梯工程、学龄前儿童善育工程、小学生校内课后服务工程、学校体育场馆开放工程、农村人居环境优化工程、城中村改造工程、架空线入地和合杆整治工程、长三角政务服务跨省通办工程、红色文化传承弘扬工程等。

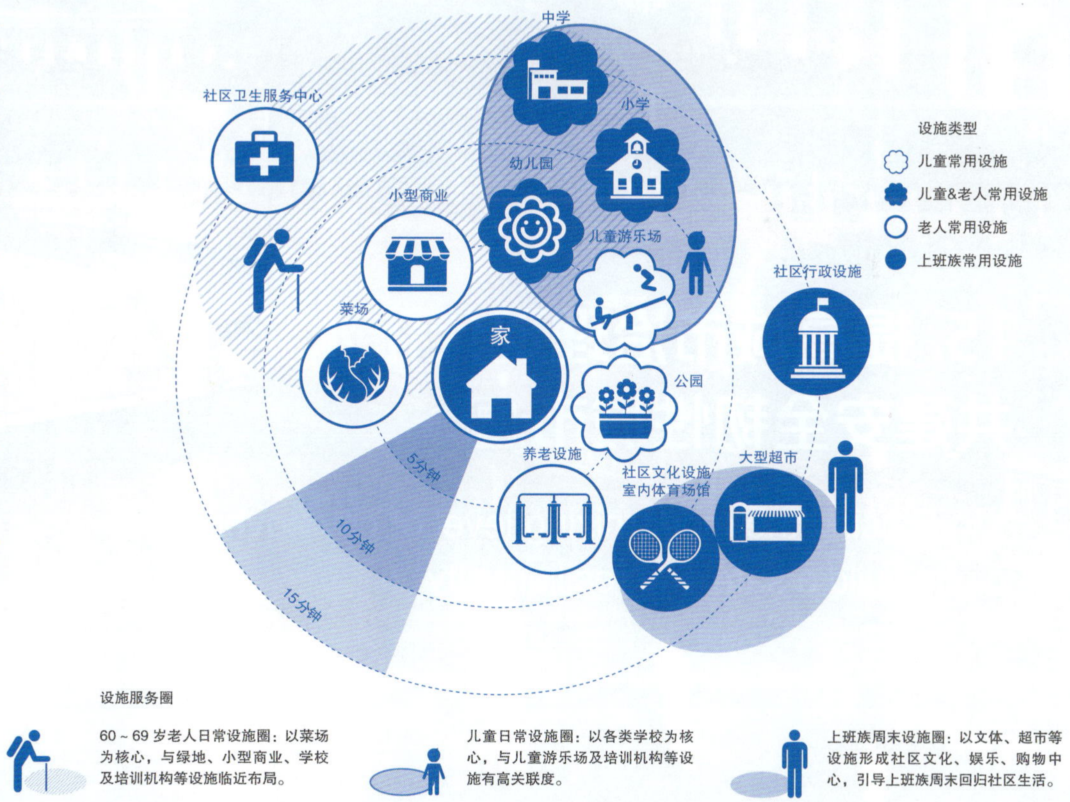

15. 提高城市治理现代化水平，共建安全韧性城市

XV. Raising the modernizing level of city governance to jointly build a safe and resilient city

坚持以人民为中心，围绕实现“一流城市一流治理”目标，强化韧性适应理念，以基层社会治理为支撑，着力加强全周期管理，全面提高科学化、精细化、智能化水平，构建共建共治共享的社会治理共同体，激发全社会活力，建设更高水平的平安上海，打造具有国际影响力的超大城市治理标杆。

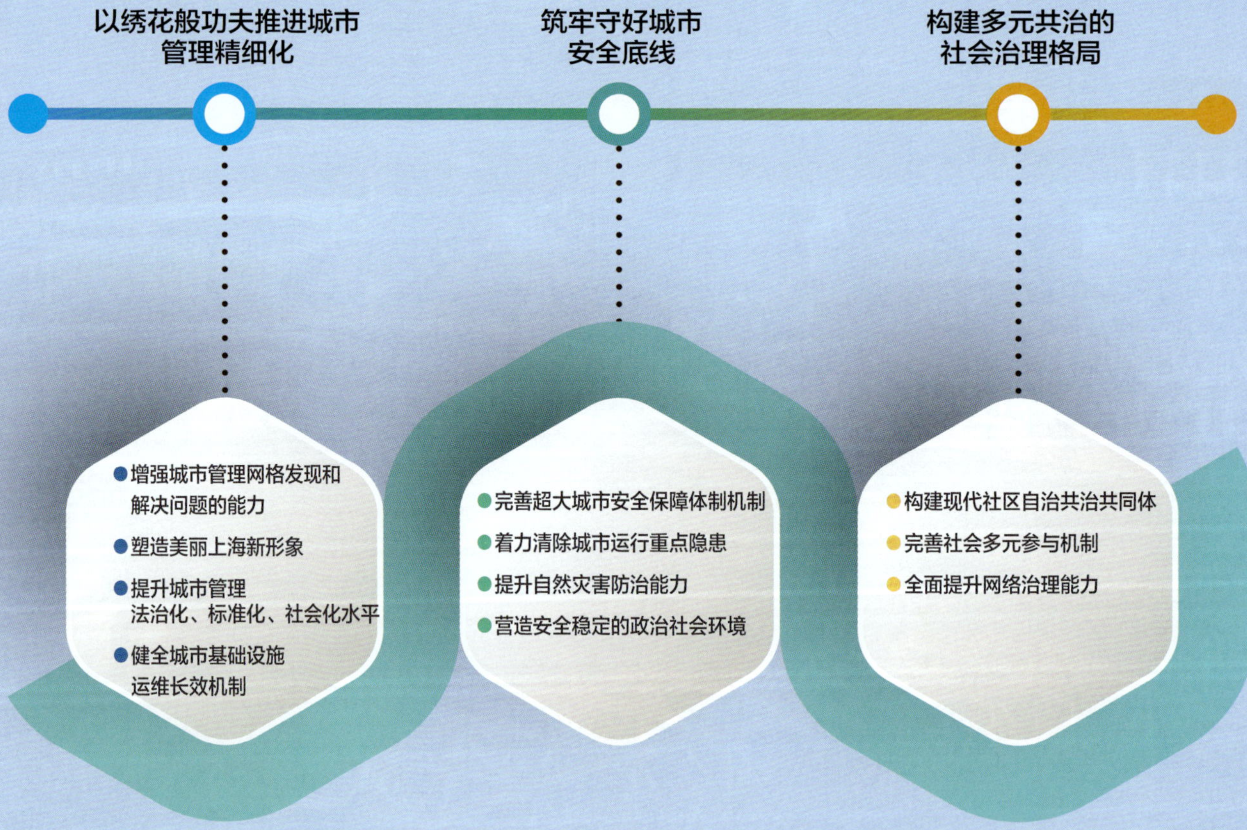

15.1 以绣花般功夫推进城市管理精细化

坚持高标准引领，充分释放网格化管理效能，推动规划建设管理一体化贯通，注重在细微处下功夫、见成效，把服务管理的触角延伸到城市的每一个角落，努力形成超大城市管理精细化示范样本。

15.1.1 增强城市管理网格发现和解决问题的能力。扩大智能化发现手段的覆盖面，加强玻璃幕墙、垃圾分类、深基坑等应用场景“神经元”建设和算法开发。制定完善人工发现标准和工作细则，利用区块链技术完善考核激励机制。强化专业技术和人员向街镇和居村高效下沉，使高频多发、群众诉求强烈的问题在基层得到有效解决。优化基层机构设置和职能配置，深化多部门联合的 7×24 小时全天候综合响应机制和应急处置队伍建设，进一步培育属地化专业化第三方机构。

15.1.2 塑造美丽上海新形象。持续开展城市管理精细化“三年行动计划”，打造一批宜居、宜业、宜乐、宜游的人民城市精细化管理示范区。营造整洁有序的城市面貌，全面提升市容市貌作业水平和保洁实效，新创建 100 个“美丽街区”。全面开展苏州河等主要景观带照明建设。持续推进架空线入地与杆箱整治，实现全市重点区域架空线全部入地。提升以人为本服务功能，完善城市无障碍设施规范和标准，提供从出行到信息交流等全方位的无障碍服务，建设“有爱无碍”城市，创造

新建路樱花

便利的城市空间和包容的社会环境。以世界城市日为平台展示、交流城市建设和治理经验，将上海打造成为世界城市日“永久主场”。建设杨浦等人民城市实践区。

15.1.3 提升城市管理法治化、标准化、社会化水平。深化城市管理综合行政执法体制改革，加强管理和执法部门的双向监督，实现管执衔接。完善城市管理标准体系，修订相关城市运维标准、规范和定额，建立维护标准动态调整机制，健全常态长效、建管一体、分级分类的城市管理标准体系。引入社会力量参与城市管理，探索政府支持、市场投入、社区参与的“路管会”“弄管会”制度，引导市民深度参与城市综合治理。探索实施“社区工作室”制度，鼓励执法部门进驻社区。

15.1.4 健全城市基础设施运维长效机制。开展综合养护试点，打破行业条块分割，将区域性较强的设施打包实施综合养护和管理。分类实施市场化机制，对于市场竞争不充分的领域，加强成本监审和绩效评价，适当放宽市场进入。针对技术含量较高且关乎城市安全的领域，建立全生命周期养护和担责机制，培育相对稳定的养护作业队伍，促进城市基础设施运维实现降本增效。

15.2 筑牢守好城市安全底线

统筹传统安全与非传统安全，全面提升城市运行的功能韧性、过程韧性、系统韧性，构筑城市安全常态化管控和应急保障体系，使上海始终位于全球最安全城市之列。

15.2.1 完善超大城市安全保障体制机制。强化应急管理的综合性和系统性，健全分级负责、属地为主、统筹协调、分类管理的应急管理体系。制订市区两级风险目录，全面落实城市运行风险管控的主体责任、领导责任、监管责任和属地责任。完善不同类型风险的调查评估、应急预警、联动处置、协调保障等工作机制，在风险处置中实现统一指挥、发挥专长、通力协作，加强市、区、街镇、居村四级应急管理工作有机衔接、纵向贯通。

15.2.2 着力清除城市运行重点隐患。以更多采取分布式、并联式建设为导向，强化交通物流、通信保障、能源供水等各类城市生命线的综合韧性，提升应对灾害事故等突发事件冲击时基本功能维持和快速复原的效能。强化城市轨道交通超大客流下风险预警、客流疏导、应急抢修能力，提高重点车站风险防范标准，同步提升安全性和便捷性。加强对铁路沿线、地下空间和管网、老旧电梯、建筑物结构和附属设施的全面评估、排摸、整治和改造。提升食品、药品安全保障能力，完善药品全过程管理系统，逐步实现食品“从农田到餐桌”全过程追溯管理，全面实现餐厨废弃油脂应收尽收和绿色循环利用。围绕危化品生产、经营、存储、运输、使用等环节，实现安全设施、关键装置及从业人员全要素实时监控。着力化解消防安全隐患，推进老旧建筑消防设施增配改造和消防综合演练，加强电气火灾、电动车消防安全和消防通道障碍物等火灾隐患排查。加快粮食和物资储备能力建设，建立市场调节储备与应急物资储备多元格局，推进上海粮食安全保障能力工程，优化本地和外地粮食储备加工保障基地布局，确保突发事件下主副食品市场供应量足价稳、优质安全。

15.2.3 提升自然灾害防治能力。提升灾害监测预警能力，开展气象灾害、地面沉降、森林火灾和有害生物等自然灾害分类型、分区域风险普查。提升应急避难能力，加强街镇、居村应急避灾站点建设，推进公园、广场、地下空间等设施的应急避难标准化改造。提升救援救助能力，强化专业装备配备和专业训练演练，引导社会力量参与应急救援。提升全社会的安全意识和应急能力，支持发展巨灾保险、责任保险，加快市、区、街镇三级防灾减灾科普宣传教育基地建设，推动防灾减灾知识和技能进学校、入企业、下基层。

15.2.4 营造安全稳定的政治社会环境。深入贯彻总体国家安全观，维护国家政治安全。打造源头防控、排查梳理、纠纷化解、应急处置的社会矛盾综合治理机制，完善重大决策社会稳定风险评估，有效维护社会大局稳定。提高对影响群众安全突出问题的精准打击力，推动扫黑除恶常治长效，依法打击各类违法犯罪，维护社会良好秩序。深化智慧公安建设，持续拓展社会面智能安防覆盖面，完善立体化、法治化、专业化、智能化社会防控体系。大力支持军队和国防现代化建设，完善国防动员体系，强化全民国防教育。

15.3 构建多元共治的社会治理格局

坚持共建共治共享，推进疫情群防群控实践经验的常态化制度化，不断完善党委领导、政府负责、民主协商、社会协同、公众参与、法治保障、科技支撑的社会治理体系，以社区为重心筑牢超大城市治理的稳固底盘，着力构建人人有责、人人尽责、人人享有的社会治理共同体。

15.3.1 构建现代社区自治共治共同体。坚持党建引领，进一步强化网格化党建，推进“微治理”创新，配足配强党建工作力量，提升居村党组织政治功能和组织力。发挥居村委会主导作用，推进居村民自治章程、居民公约、村规民约的修订完善，增强组织民主协商、服务居民群众、动员社会参与的能力。深化物业治理创新，推动居委会、业委会、物业服务企业等协同运转，加快建立“质价相符”的物业服务市场机制，加强物业服务行业监管。持续推动社区增能减负，严格居村协助行政事务准入，优化街镇管理体制机制，推动社会管理权限和力量更多向基层下放，完善人财物向下倾斜、权责利挂钩对等的新型条块关系。大力支持社区社会组

小学生参与社区花园维护

老旧小区的居民共治

屋顶花园业主参与种植

织发展，引导社会力量更好地链接社会资源、提供专业服务、参与基层治理，推动自治共治平台协同运转。提升社区治理规范化精细化水平，规范信息数据采集核查、集成共享，深化“社区云”、远程视频帮办等智慧社区应用。

15.3.2 完善社会多元参与机制。畅通企业和市民参与公共政策制定和社会治理的渠道，保障人民知情权、表达权、监督权，搭建更多民意“直通车”平台，健全充分体现民意的重大工程、实事项目立项和实施评估机制。不断拓宽民主协商渠道，统筹推进政党协商、人大协商、政府协商、政协协商、人民团体协商、基层协商以及社会组织协商。健全分层递进、衔接配套的纠纷化解机制，完善人民调解、行政调解、司法调解联动，加强社会矛盾排查预警和风险防控。不断激发社会组织活力，优化管理服务，支持区域性、国际性社会组织在沪登记成立，注重引进和培养社会组织领军人才。以枢纽型社会组织培育为重点，带动孵化一批专业化社会组织，发展一批社会企业，造就一批社会工作专业人才队伍，到 2025 年全市持证社会工作者达到 4.5 万人。畅通志愿服务渠道，培育一批有影响力的公益志愿服务品牌项目，到 2025 年全市志愿者注册人数达到常住人口的 20%。

15.3.3 全面提升网络治理能力。全面加强网络安全保障体系和能力建设。建设网络空间综合治理平台，统筹开展互联网新技术新应用安全评估，全面提升网络舆情态势感知、监测预警、风险评估和管控处置能力。落实互联网企业信息管理主体责任，推行重大决策网络舆情风险评估制度，完善重大舆情有效引导和协同处置机制，落实互联网属地化管理责任，不断提升线上线下协同的网络时代治理能力。落实互联网信息服务分类管理，督促企业、媒体、个人切实履行网络社会责任，建立网络诚信评价体系和奖惩机制，大兴文明办网之风，严厉打击网络违法违规行为。持续加强互联网舆论引导能力建设，提升网上正面发声水平，强化网络宣传阵地，培育积极向上的网络文化，营造清朗网络空间。

16. 全面深化改革，充分激活高质量发展动力

XVI. Comprehensively deepening reform and fully activating the driving force for high-quality development

坚持社会主义市场经济体制改革方向，使市场在资源配置中起决定性作用，更好发挥政府作用，加快建成高标准市场体系，健全公平竞争制度，提升政府治理能力现代化水平，加强重大制度创新的充分联动和衔接配套，营造长期稳定可预期的制度环境。

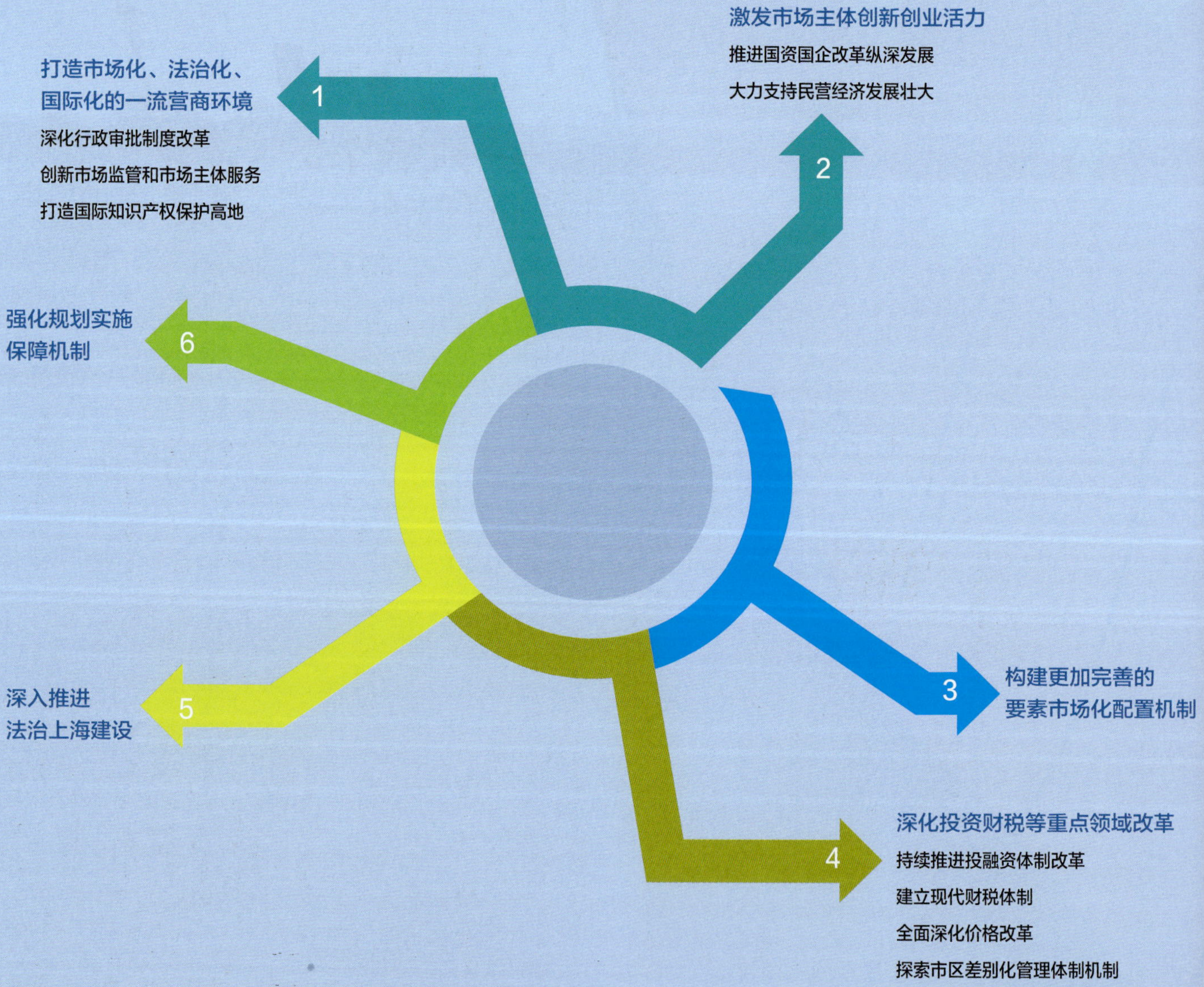

16.1 打造市场化、法治化、国际化的一流营商环境

以持续提升市场主体的获得感为引领，全面深化“放管服”改革，加强法治化建设，对标最高标准、最好水平，提升本市营商环境国际竞争力，争取在国际排名中稳步上升。

16.1.1 深化行政审批制度改革。持续清理不必要的行政审批、中介服务以及各类具有审批性质的管理措施，对重点区域、基层和园区实施差别化审批事权下放。严格控制行政审批中介服务目录，对保留的审批中介服务事项加快制定服务指南。在生产经营许可、项目投资审批、证明事项等领域，广泛推行告知承诺制，实现政府定标准、企业或个人作承诺、过程强监管、失信严惩戒。持续深化“证照分离”改革，推动实现事项全覆盖、地域全覆盖，并加快在自贸试验区实行一批更有力度的改革举措。在浦东新区开展“一业一证”改革试点的基础上，向更大地域范围、更多行业领域推广实施，建立完善“一证准营”的行业综合许可制度。在临港新片区进一步深化商事主体登记确认制改革，最大程度简化商事主体登记事项，完善商事登记撤销制度，并尽快向自贸试验区等更大范围复制推广。

16.1.2 创新市场监管和市场主体服务。加强事中事后监管，推进综合监管、智慧监管和信用监管，大力推进“双随机、一公开”监管全覆盖、常态化，依托“互联网 + 监管”系统开展跨条线跨部门联合抽查，推行远程监管、移动监管、预警防控等非现场监管。全面推行以信用为基础的分级分类监管，健全失信联合惩戒和信用修复机制，完善和健全覆盖全社会的社会信用体系。以包容审慎监管促进新兴产业健康发展，优化完善垄断协议豁免实施机制，简化战略性新兴产业经营者集中审查程序，完善市场主体轻微违法违规经营行为免罚清单，探索建立涵盖若干处罚梯度的容错监管模式。全面加强企业服务，围绕世界银行测评与国家测评的衡量指标，完善从开办企业到办理破产的全生命周期服务，优化市场主体优胜劣汰的发展环境。推进构建亲清政商关系，强化政府与企业家常态化沟通机制，支持企业、行业协会、园区等积极参与涉企政策的研究制定，提升惠企政策精准度。大力弘扬“店小二”精神，健全领导干部走访服务企业和帮办服务制度，在企业办事政策兑现、项目落地等方面持续发力。提升企业服务云等平台能级，更好实现政策发布解读、服务机构入驻、企业诉求快速响应等优质服务。贯彻实施《民法典》《外商投资法》等法律法规，依法保护市场主体的各类产权，营造公平竞争的法治环境。强化反垄断和

防止资本无序扩张，严厉查处垄断和不正当竞争行为。

16.1.3 打造国际知识产权保护高地。全面加强知识产权保护，细化落实强化知识产权保护的实施方案，完善审查授权、行政执法、司法保护、仲裁调解、行业自律、公民诚信等环节的知识产权保护体系。加快推进中国（上海）知识产权保护中心建设，实现重点领域知识产权快速审查、快速确权、快速维权。有效发挥世界知识产权组织（WIPO）仲裁与调解上海中心业务功能。强化跨部门、跨区域保护协作，完善行政执法与刑事司法的有效衔接。加强专利权、商标权、著作权和商业秘密等知识产权的行政保护，加大侵犯知识产权违法行为的惩治力度。

16.2 激发市场主体创新创业活力

毫不动摇巩固和发展公有制经济，毫不动摇鼓励、支持引导非公有制经济发展，促进国有企业与各类所有制企业相互融合、协同发展，营造各类主体平等使用资源要素、公开公平公正参与竞争、同等受到法律保护的市场环境，持续建设稳定的政策环境、高效的融资环境，加快建设世界一流企业。

16.2.1 推进国资国企改革纵深发展。坚持有进有退、有所为有所不为，以市场化、专业化、国际化为导向，深化国有资本战略性结构布局，进一步盘活国有资产存量，深化混合所有制改革，切实增强国有经济竞争力、创新力、抗风险能力。加强国有资本对创新体系建设投入布局，加快形成市场主体融通、全链条集成的创新链协同体系。加大以公众公司为主的混改推进力度，推动竞争类企业全部实现整体上市或核心业务资产上市，功能类和公共服务类企业加快符合条件的竞争性业务上市发展。以搞活国有企业运行机制为导向，更大力度引入社会资本，深化国有企业股权多元化，通过股权投资、资产证券化和员工持股等方式，加快建立市场化的经营机制。加快完善国有企业现代企业治理结构，增强外部股东、合资者、合作者及独立董事对公司的制约和监督。全面落实董事会行使重大决策、选人用人、考核评价、薪酬评价等职权。深化国有企业领导人员薪酬制度改革，扩大员工持股试点范围，探索国有金融上市公司股权激励试点。健全管资本为主的国资监管体制，建立健全国资国企监事会制度，深化“国资委负责国有资产监管＋平台负责国有资本投资运营＋国有企业依法自主经营”的国资监管体制。强化分类监管，根据企业不同类别分类定责、分类授权、分类考核。落实授权经营，改革国有资本授权经营体制，进一步明确出资监管职责边界。鼓励支持中央企业改革发展，支持央企在沪设立第二总部或设立国际业务总部。

16.2.2 大力支持民营经济发展壮大。推进相关政策由差异化、选择性向普惠化、功能性转变，打破制约民营经济发展的各类障碍和隐性壁垒，完善中小企业发展的政策体系，营造公平竞争环境。全面放开民间投资领域，支持民间资本进入法律法规未明确禁止的领域，更多参与政府主导的基础设施、公用事业、科技创新等重大项目建设和运营。鼓励民营资本参与国有企业混合所有制改革，通过多种方式参与国有企业重大投资项目、成果转化项目和资产整合项目，加强国有企业对民营企业发展带动作用和重要影响力。大力培育更多龙头企业和骨干企业，积极开展民企总部认定和骨干企业激励政策。促进中小微企业专业化、精细化、特色化发展，进一步吸引集聚和扶持各类中小微民营企业。加大对优秀民营企业家、民企优秀技能人才的培育和引进力度，积极培育新生代企业家。完善精准有效的政策供给，积极发展政府支持的融资担保机构。

16.3 构建更加完善的要素市场化配置机制

坚持市场化改革，完善市场要素配置全周期系统性建设，形成与国际要素市场紧密衔接、与国际通行规则有效接轨的要素市场，推进各类要素在更大区域范围内高效流动、配置和增值。健全要素市场化交易平台，以公共资源“一网交易”改革为突破口，促进要素市场化配置，推动上海联合产权交易所向全要素、多领域资源配置与流转平台升级，鼓励各类所有制企业投资并购进场交易，提升上海技术交易所功能。完善技术要素转化增值配置方式，完善科技创新资源配置方式，建立技术要素交易市场体系，建立多层次的国际合作网络。建设数据要素开放共享管理体制，探索建立数据要素流通和交易体系，加快跨境数据安全流动先行先试。促进资本要素双向开放深度融通，完善金融要素市场功能。提高土地要素配置效率，推动劳动力要素合理畅通有序流动。

16.4 深化投资财税等重点领域改革

围绕投融资、财政、价格等政府管理重点领域，进一步优化政府与市场、政府与社会、市级政府与区级政府的关系，提高政府自身效能，更多激发社会积极性和创造力。

16.4.1 持续推进投融资体制改革。激发社会投资动力和活力，建立健全投资项目“三个清单”管理制度。深化投资审批制度改革，在临港新片区试点投资项目承诺制。规范投资项目所涉评估评审事项，提升服务水平。加强事中事后监管，规范企业投资行为。规范和加强政府投资管理，优化政府投资方向和结构，统筹安排各类政府投资资金，推动政府投资计划全覆盖，继续发挥好政府投资的引导和带动作用。不断改进政府投资项目实施方式，完善绩效管理。推动基础设施投融资模式创新，稳妥推进基础设施 REITs 试点，优化资源配置，盘活存量资产。支持重点领域投资项目通过债券市场筹措资金。

16.4.2 建立现代财税体制。进一步深化预算管理制度改革，加强财政资源统筹，集中财力办大事。健全完善财政支出标准，调整优化财政支出结构，持续推进基本公共服务均等化。强化预算约束和绩效管理，不断提升财政资源配置效率和资金使用效益。加强中期财政规划管理，增强重大战略任务财力保障。进一步理顺市区两级财政关系，深化政府财政事权与支出责任划分改革，合理确定共同事权，进一步明晰各自职责范围，充分发挥市区两级积极性。研究完善市与区收入分配机制，优化转移支付制度。进一步健全政府债务管理制度，完善规范政府债务管理，依法构建规范、安全、高效的地方政府举债融资机制，有效发挥政府债券的积极作用，坚决防范化解风险，增强财政可持续性。完善政府债券发行管理机制，推动市区两级加强地方政府债券项目储备，逐步建立滚动接续的项目准备工作机制。

16.4.3 全面深化价格改革。聚焦关系基本民生的重要商品和服务，紧紧围绕生产流通消费各个环节畅通，完善价格管理和调控长效机制。加强价格综合调控，健全价格信息监测体系，统筹做好重要民生商品生产供应和价格稳定。完善政府定价制度，建立灵活的价格动态调整机制。推进能源领域价格市场化改革，健全垄断环节政府定价机制和价格监管，有序放开竞争性环节价格。持续深化供水价格和污水处理收费机制改革。完善差别电价、水价等生态环保价格政策，持续推进农业水价综合改革和城镇非居民用水超定额累进加价制度。加强公益性服务价格管理，进一步理顺教育、医疗、景区、养老、殡葬等领域定价机制，规范收费行为。优化巡游出租汽车运价、轨道交通票价政策，建立市域（郊）铁路票价定价机制。健全生活垃圾处理收费政策，完善共有产权房等保障性住房的价格管理。

16.4.4 探索市区差别化管理体制机制。分类引导各区结合功能定位和要素禀赋差异实现错位发展，在核心功能提升、特色品牌建设、优势产业打造、重大民生保障等方面探索差异化绩效评价。浦东新区要按照社会主义现代化建设引领区要求，增强创新经济策源功能和开放经济集聚功能，全面授予市级管理权限。中心城区要做精区域核心功能和做优综合服务功能，提升高端要素集聚、辐射和链接能力，扩大其在城市更新以及社会治理等方面的权限。郊区要注重综合性功能培育，当好统筹城乡区域协调发展的主要载体，打造具有全球竞争力的先进制造业基地和重要的战略性新兴产业基地，扩大其在区域开发、产业项目和基础设施项目落地等方面的权限。崇明区要坚持绿色生态优先，创造高品质宜居生活。

16.5 深入推进法治上海建设

贯彻落实习近平法治思想，把党的领导贯彻到依法治市的全过程和各方面，使法治成为上海核心竞争力的重要标志，使上海成为具有世界影响力的法治城市。深化全面依法治市，把宪法作为根本活动准则，保障宪法法律的有效实施。坚持立改废释并举，为国家战略和重大改革任务落实提供有力法治保障。拓宽人民有序参与立法的途径，推动基层立法联系点扩点提质，提高民主立法、科学立法水平。推进公正高效权威司法，建设严密的法治监督体系。加快建设法治政府，进一步深化权责清单制度，构建职责明确、依法行政的政府治理体系。健全重大行政决策事前评估和事后评价制度，提升行政决策公信力、执行力。加强行政规范性文件合法性审核和备案审查。完善行政执法体制机制，全面贯彻行政执法“三项制度”，加强对公共卫生、生态环境等事关群众切身利益的重点领域执法。积极稳妥推进行政复议

行政执法“三项制度”

是指行政执法公示制度、行政执法全过程记录制度和重大行政执法决定法制审核制度。

体制改革，加强行政应诉能力建设，推动行政争议实质性解决。深化法治社会建设，积极推进“八五”普法，深入学习宣传《民法典》等法律法规，使社会主义法治观念更加深入人心。完善城市治理、民生保障等与人民群众利益密切相关的重要领域立法，认真贯彻执法司法为民理念，为人民群众提供便利可及的公共法律服务，切实保障公民、法人和其他组织的合法权益。加强依法治密，在管理与技术融合的基础上，做好综合防范。

16.6 强化规划实施保障机制

突出本《纲要》的引领作用，健全以发展规划为统领、空间规划为基础、专项规划和区域规划为支撑的规划体系，强化空间规划、专项规划、区域规划和年度计划等与本《纲要》的衔接协调，形成规划合力。发挥好重大项目对本《纲要》落实的支撑作用，健全重大项目储备库制度，布局实施一批关系全局和长远发展的标志性项目。优化资金、土地、数据、人才、环保、用能等资源要素的合理配置，加强财政预算与本《纲要》实施的衔接协调。围绕本《纲要》确定的产业发展和结构调整方向、区域发展方向，实施有差别的产业、投资引导政策。加强本《纲要》的监测评估和考核评价，开展实施情况年度监测分析、中期评估和总结评估，鼓励开展第三方评估，强化监测评估结果应用。建立全市发展规划数据信息平台，跟踪监测规划实施进程。完善规划实施监督考核机制，改革优化统计及监管制度，把实施情况作为改进政府工作的重要依据，将约束性指标纳入各区和各部门的综合评价和考核体系。

结 语

蓝图已经绘就，愿景催人奋进，行动创造未来。我们将始终坚持追求卓越的发展取向，坚定不移走面向世界、扩大开放之路，走解放思想、深化改革之路，走打破常规、创新突破之路，在全球范围内城市合作与竞争中锻造优势、强化功能、实现超越。我们将始终践行以人民为中心的发展思想，以优质多样供给满足人民需求，把最好的资源留给人民，创造海纳百川、近悦远来的人才发展环境，让每一个人的梦想照进现实，打造充满活力的机遇之都，建设人人向往的幸福家园。展望未来，我们坚信，经过三个五年发展规划期的接续奋斗，上海将以更加瑰丽、伟岸、多彩的身姿昂首屹立于世界东方，成为我国社会主义现代化国家版图中最具国际范、中国风、江南韵的城市标杆。让我们携手并进、奋发有为，以铿锵有力的步伐坚定迈向具有世界影响力的社会主义现代化国际大都市。

"数"说上海的未来五年

图说上海"十四五"

规划《纲要》全文

规划《纲要》问答解读

《齐心协力》苏州河龙舟赛

上海 16 个区
“十四五”规划纲要图解

浦东新区
黄浦区
静安区
徐汇区
长宁区
普陀区
虹口区
杨浦区
宝山区
闵行区
嘉定区
金山区
松江区
青浦区
奉贤区
崇明区

图书在版编目（CIP）数据

上海市国民经济和社会发展第十四个五年规划和二〇三五年远景目标纲要 ：普及版 / 上海市人民政府编. -- 上海 ：上海科学技术出版社，2021.5
ISBN 978-7-5478-5250-7

Ⅰ. ①上… Ⅱ. ①上… Ⅲ. ①国民经济计划－五年计划－上海－2021-2025②社会发展－五年计划－上海－2021-2025③社会主义建设－现代化建设－远景规划－上海－2021-2035 Ⅳ. ①F127.51②D675.1

中国版本图书馆CIP数据核字(2021)第053646号

责任编辑：陈　晨　楼玲玲

书籍设计：诸梦婷　董　伟　严　峻

照片摄影：郑宪章（部分）

上海市国民经济和社会发展第十四个五年规划和
二〇三五年远景目标纲要（普及版）
上海市人民政府　编

上海世纪出版（集团）有限公司
上　海　科　学　技　术　出　版　社　出版、发行
（上海钦州南路 71 号　邮政编码 200235　www.sstp.cn）
上海雅昌艺术印刷有限公司印刷
开本 787 × 1092　1/16　印张 10
字数 160 千字
2021 年 5 月第 1 版　2021 年 5 月第 1 次印刷
ISBN 978-7-5478-5250-7/F · 26
定价：58.00 元